PEDAGOGIA DO ALFABETIZAR LETRANDO
da oralidade à escrita

EDITORA AFILIADA

Dados Internacionais de Catalogação na Publicação (CIP)
(Câmara Brasileira do Livro, SP, Brasil)

Franchi, Eglê
    Pedagogia do alfabetizar letrando : da oralidade à escrita / Eglê
Franchi. – 9. ed. – São Paulo : Cortez, 2012.

    ISBN 978-85-249-1865-0

    1. Alfabetização 2. Escrita 3. Leitura 4. Letramento 5. Prática de ensino
I. Título.

12 00618   CDD-372.414

Índices para catálogo sistemático:

1. Processos de alfabetização e letramento :
    Pedagogia : Educação   372.414

Eglê Franchi

PEDAGOGIA DO ALFABETIZAR LETRANDO
da oralidade à escrita

9ª edição

2012

PEDAGOGIA DO ALFABETIZAR LETRANDO: da oralidade à escrita
Eglê Franchi

Capa: Cia. de Desenho
Preparação de originais: Solange Martins
Revisão: Maria de Lourdes de Almeida
Composição: Linea Editora Ltda.
Coordenação editorial: Danilo A. Q. Morales

Nenhuma parte desta obra pode ser reproduzida ou duplicada sem autorização expressa da autora e do editor.

© 1998 by Autora

Direitos para esta edição
CORTEZ EDITORA
R. Monte Alegre, 1074 – Perdizes
05014-001 – São Paulo – SP
Tel.: (11) 3864-0111   Fax: (11) 3864 4290
e-mail: cortez@cortezeditora.com.br
www.cortezeditora.com.br

Impresso no Brasil – abril de 2012

Sumário

PREFÁCIO 7

INTRODUÇÃO
Pressupostos, metodologia e hipóteses de trabalho 11

CAPÍTULO 1 A fala das crianças nas "brincadeiras de círculo"... 25

1. Os primeiros contatos: papéis e regras do jogo 27

2. A importância da contextualização na obtenção
   dos dados 38

3. Dramatização e realidade 45

4. Aspectos relevantes, para o aprendizado da escrita,
   da modalidade oral das crianças 51

5. Sobre o que falam as crianças 69

CAPÍTULO 2 Avaliação e preparo das crianças para o
aprendizado da escrita 75

1. Concepção que as crianças fazem da escrita 77

2. Aproximando as crianças de diferentes níveis: o papel
   da interação cooperativa 81

CAPÍTULO 3 Descobrindo e reconhecendo a escrita na fala 103

1. A ênfase na significação e na contextualização 108

2. Construindo o conhecimento no diálogo 119

3. Individualização do ensino 131
4. Lidando com a modalidade coloquial das crianças........... 134
5. Lidando com os diferentes tipos de desvios........................ 141

CAPÍTULO 4   Trabalhando com textos: leitura, construção e
reconstrução 149
1. A eficácia e o "encanto " do ditado 153
2. O *Primeiro livro* 155
3. A produção individual: uma conquista............................... 180

CONSIDERAÇÕES FINAIS 203

BIBLIOGRAFIA 213

Prefácio

A adoção de um novo título para o livro de minha autoria —*Pedagogia da alfabetização* —, publicado há mais de duas décadas, pretende explicitar algo já considerado nesta obra desde a sua primeira edição — dois momentos na alfabetização: o cuidado pelo ensino do sistema gráfico da escrita, aliado à ênfase que se deve dar às relações entre as práticas sociais de leitura e escrita. Consideramos, portanto, uma alfabetização trabalhada em duas frentes, conduzidas simultaneamente. Desde o seu nascimento, o livro já anunciava, sem que ainda fosse nele nomeado, o conceito de letramento que iria se firmar posteriormente.

Aqueles dois momentos estiveram presentes na minha prática pedagógica, pois sempre entendi que, se de um lado a preocupação com o conhecimento do código grafofônico e o domínio dos processos de codificação e decodificação constituem etapas fundamentais e indispensáveis para o acesso à língua escrita, de outro lado, é necessário trabalhar, com a mesma intensidade, eventos que promovam a participação das crianças em ocorrências variadas de uso de leitura e de escrita nas práticas sociais, para desenvolver nelas atitudes positivas em relação a seu novo aprendizado. Assim, mesmo sem ter usado a palavra *letramento*, seu conceito sempre esteve implícito nos procedimentos por mim utilizados para o trabalho com a norma urbana de prestígio.

Passados mais de vinte anos, as questões que tinham sido propostas para a reflexão sobre uma prática pedagógica a respeito do ensino/aprendizagem da escrita continuam atuais, e parte dos questionamentos levantados na época parece ainda não resolvida.

Talvez um dos mais relevantes fatores do atual fracasso do ensino da língua escrita nas escolas seja a perda de especificidade, um apagamento da alfabetização em seu sentido mais restrito: domínio de um código e das habilidades de utilizá-lo para ler e escrever. A natureza do objeto de conhecimento em construção vem sendo subestimada em relação ao processo de letramento. Entretanto, não se pode garantir a eficácia do aprendizado da norma urbana de prestígio somente através do convívio intenso com o material escrito que circula nas práticas sociais, ou seja, do convívio com a cultura escrita.

Também, hoje, a aproximação entre letramento e alfabetização tem levado à concepção equivocada de que os dois fenômenos se confundem e até se fundem. Apesar do trabalho conjunto, interdependente e indissociável, a primeira edição da *Pedagogia da alfabetização* já mostrava o letramento e a alfabetização como processos diferentes: esta ensinada através de uma contextualização significativa; aquele desenvolvido através de um contexto de práticas sociais de leitura e de escrita que, agora nesta nova edição, serão nomeadas e identificadas como atividades de letramento. Isto me fez optar por um novo título para este livro a fim de demonstrar como é possível uma prática pedagógica que leva em conta um alfabetizar letrando, sem perder a característica de cada um desses processos, mas reconhecendo as múltiplas facetas e a diversidade de métodos e procedimentos para o ensino de um e de outro (Soares, 2003).

No quadro das estratégias para a aquisição da linguagem escrita, não apresento um método, no sentido amplo em que tomo este termo, mas muitos métodos, pois a natureza e a diversidade cultural e social do aluno exigem variados procedimentos de ensino. Não se pode esquecer que as características de cada grupo de crianças tornam necessárias formas diferenciadas de ação pedagógica durante os processos de alfabetização e letramento.

Gostaria de salientar também que este trabalho sobre linguagem foi todo respaldado em uma concepção de *LINGUAGEM como ativida-*

de constitutiva (C. Franchi, 2011); linguagem como prática social e interativa; como um instrumento de elaboração do pensamento, da identidade, da realidade; como, enfim, um trabalho dinâmico que constitui o sujeito e o mundo.

Esse conceito de linguagem banhou minha prática na medida em que levei sempre em conta o uso da linguagem feito pelo aluno. Assim, tomando sempre a oralidade como ponto de partida, eu procurava levar o educando a considerar diversas realidades, fazendo com que assumisse um papel ativo, livre e criador na sua própria aquisição da linguagem escrita. Agente dos processos de alfabetização e letramento e desafiado a refletir a cada momento, sobre suas práticas, o aluno deixa de ser um mero receptáculo da aprendizagem e da cultura de sua comunidade.

O dia a dia em sala de aula foi me mostrando que a linguagem, trabalhada no âmbito da alfabetização e letramento, antes de ser usada somente para a comunicação, é parte importante da elaboração do conhecimento; antes de ser mensagem, contribui para a construção do pensamento do aluno; e antes de ser veículo de seus sentimentos, ideias, emoções, aspirações, a linguagem foi um processo criador por meio do qual as crianças organizavam e informavam suas experiências. Enfim, a aprendizagem da linguagem escrita não foi somente um instrumento de inserção justa do aluno entre os outros, foi também um instrumento da intervenção e da dialética entre a professora (eu) e cada uma das crianças, entre elas e o mundo.

Quero colocar também em evidência outros suportes teóricos que se enraizaram e produziram frutos na minha prática quando enxertados por outras teorias linguísticas, psicolinguísticas e sociolinguísticas. Assim é que, nesta edição:

- foi explicitada a dialética própria na linguagem. Na oralidade das crianças, nos seus atos de fala, nas interações com os companheiros e comigo, verificava-se o tempo todo a natureza social da enunciação e o fato de que através de enunciados concretos é que a escrita foi entrando na vida das crianças (Bakhtin, 1995 e 2003);

- foi especificada a principal teoria que fundamentou a escrita, vista como uma atividade social que, por sua complexidade, exigia uma prática relevante para a vida das crianças; prática significativa, para que elas compreendessem que a aquisição da escrita era apenas uma das aprendizagens necessárias para a socialização. Nesse sentido, o domínio do complexo sistema da escrita não era alcançado de maneira puramente mecânica e externa; ele foi o culminar na criança de um longo processo de desenvolvimento de funções comportamentais complexas (Vygotsky, 2001);

- a aquisição da escrita e da leitura sempre se deu em um contexto relacionado às experiências das crianças, que se viam como sujeitos de suas relações sociais e, portanto, sujeitos de sua relação com o mundo. Os sujeitos, sendo históricos e inacabados, iam se constituindo nas relações sociais e culturais em meio ao processo interrelacionado de ensino/aprendizagem. Tal processo se manifestou em meus alunos por meio do diálogo, um diálogo consciente e crítico com relação à realidade em que viviam (Freire, 2001 e 2006).

Enfim, nesta nova edição, como que prestando uma homenagem agradecida, quero dizer que na elaboração deste livro e em toda minha prática profissional houve uma profunda influência do professor e linguista Carlos Franchi. Ele me fez compreender, de forma admirável, o papel que a linguagem desempenha nas relações sociais, na formação do educando, na constituição de sua consciência e humanização de sua personalidade.

Introdução

Pressupostos, metodologia e hipóteses de trabalho

Para explicar o fracasso que ocorre logo no início da escolarização, em que um grande contingente dos alunos não são alfabetizados, estão sendo evocadas causas de natureza social, econômica, cultural e educacional. O problema é complexo e tem nítidas implicações sociopolíticas, pois fracasso escolar, baixo nível econômico da clientela e alta seletividade do ensino estão claramente associados. Como educadora comprometida com as camadas populares, tenho concordado com o fato de que a escola não é apenas um canal de reprodução social. Embora não seja somente da escola que dependa a transformação da sociedade, nem por isso devo deixar de unir-me à luta para garantir a todas as crianças o êxito escolar e, sobretudo, aos esforços de reflexão, teorização e prática que assegurem ao processo pedagógico a eficiência necessária à permanência e ao aproveitamento de todos os alunos. Enfim, um trabalho de qualidade e de efetiva socialização dos conhecimentos acumulados e sistematizados.

Grandes avanços têm sido feitos nessa matéria: têm-se estudado a escola, suas condições de funcionamento, a formação de seus professores, as causas de fracasso da clientela principalmente nos primeiros anos de escolarização. No entanto, sempre restam aspectos problemáticos e, principalmente, os de natureza mais estritamente pedagógicos, como no caso da reflexão sobre o aprendizado da escrita nas normas urbanas de prestígio (expressão agora usada para designar os falares urbanos que, numa comunidade linguística desfrutam de maior prestígio político, social e cultural e, por isso estão associadas à escrita). Então, apesar do avanço considerável na compreensão teórica dos processos de alfabetização e letramento, não tem sido evitado que o fracasso no início da escolarização ultrapasse os limites de um problema educacional para constituir-se em um problema sociopolítico de trágicas dimensões.

O interesse despertado pelo tema da alfabetização e letramento produziu um aumento significativo de seminários, artigos, livros, pesquisas e teses que têm procurado difundir e aprimorar esse tipo de pesquisa e essa inovação conceitual na pedagogia da alfabetização e do letramento. Profissionais vindos de outras áreas, sobretudo da Psicologia, da Linguística, da Sociolinguística, vêm produzindo pesquisas que oferecem não somente bases teóricas para a reflexão pedagógica, mas uma "limpeza do campo de investigação" de inúmeros preconceitos e equívocos linguísticos.

Essas investigações privilegiam, segundo propósitos e quadros teóricos específicos, diferentes faces do problema. Embora extremamente valiosas e indispensáveis, deixam sempre um espaço aberto à pesquisa pedagógica e metodológica, espaço este que, às vezes, até minimizam. De fato, o "pedagógico" tem recebido as conotações depreciativas de um processo "diretivo" e "normativo", e muitos trabalhos que se preocupam com metodologia do ensino são acusados (*sic*) de "pedagogismo". É como se métodos, técnicas, exercícios, trabalhos dirigidos e o próprio papel do professor devessem ser marcados pela pecha de antidemocráticos e autoritários, como outras formas de modelagem de comportamentos e de repressão, quando não se reduzem ao mero acompanhamento, ou, no máximo, coordenação de um desenvolvimento espontâneo e "natural" que teria suas próprias razões e mecanismos intrínsecos.[1]

---

1. Tem havido uma severa reavaliação dessa tendência que deriva para o "democratismo" e para o "espontaneísmo" em educação. Vejam-se, por exemplo, em várias passagens de Libâneo

PEDAGOGIA DO ALFABETIZAR LETRANDO

Ora, como observa bem Sonia Kramer, é preciso (re)comprometer o termo "pedagógico", dando-lhe um caráter de prática social. Ela indica mesmo alguns caminhos e, entre eles, ouvir os professores e refletir teoricamente sobre suas dificuldades ou sobre o sucesso de sua prática. Em termos mais gerais, à luz da teoria que se elabora sobre o ensino-aprendizagem da leitura e escrita, diminuir a defasagem entre aquilo que se sabe sobre a alfabetização e *como se faz* essa alfabetização em sala de aula: na discussão corrente entre abordagens filosóficas e históricas, psicológicas e psicolinguísticas, linguísticas e sociolinguísticas, estaria faltando o crivo da análise pedagógica (Kramer, 1986, p. 30-1).[2]

Posso colocar nessa perspectiva os objetivos deste livro. Ele pretende descrever os mecanismos presentes na relação pedagógica que se desenvolve entre alfabetizador e alfabetizandos, refletir teoricamente sobre eles a partir de conceitos oriundos de várias fontes, tentando

---

(1986) e em Snyders (1974), as advertências que se vêm fazendo à não diretividade em pedagogia. Também P. Freire tem chamado a atenção para as consequências do abandono, por parte do professor, de seu "papel de ensinar/aprender", em consequência de confusões entre relações de autoridade com autoritarismo, democracia com democratismo, ação diretiva e disciplinadora com ação repressiva e castradora, técnica com tecnicismo, treinamento com mecanicismo. Cito, dentre as muitas, duas passagens. Para P. Freire, "a educação, qualquer que seja ela — a educação autoritária como a educação democrática — ambas implicam uma certa diretividade. O problema que se coloca é que uma educação democrática tem uma diretividade que se limita", na medida em que abre ao educando as possibilidades de optar e de criar, de indagar e reformular, sem converter-se em manipulação (1982, p. 93). E o papel do professor é um "papel testemunhal" em que jogam importante função "sua autoridade e sua competência". "Um professor que não leva a sério sua prática docente, que não estuda e ensina mal o que mal sabe, que não luta pelas condições materiais indispensáveis a sua prática docente, que se proíbe de concorrer para a formação da imprescindível disciplina intelectual dos estudantes, se anula como professor" (1986, p. 14).

2. C. Franchi falava sempre, em várias palestras a professores e pedagogos, na necessidade de os universitários saírem de seus gabinetes para ouvir os professores e refletir teoricamente sobre sua prática. Referindo-se a um antigo professor seu, observava que: "tratava-se de insistir em um aspecto fundamental que tem sido esquecido por muitos linguistas que se ocupam do ensino/aprendizagem da língua: devemos aprender a refletir teoricamente sobre a prática de muitos professores que, no trabalho de sala de aula, conseguem resultados surpreendentes com base sobretudo em atitudes e intuições adequadas sobre a natureza da linguagem e o caráter da atividade pedagógica, mesmo quando suas concepções explícitas ficam longe do que essa reflexão teórica suporia mais acertado" (2006, p. 80).

explicá-los e sistematizá-los. Trata-se, assim, de um trabalho de pedagogia e metodologia enquanto prática social e interativa. Preciso repetir de novo o que disse no meu primeiro livro: antes de tudo, sou uma professora primária que reelabora sua própria ação e teoriza a partir dela. De certo modo, a atitude de professora prevalece sobre minha atitude de pesquisadora em educação.

Aproveito sempre os conhecimentos produzidos nas mais diferentes áreas, como leitora atenta, sem pretender inovar nesses domínios para os quais não disponho de formação específica. E já é uma lição da prática: todos os professores, como eu, já dispõem de sínteses introdutórias, sérias e competentes, que lhes permitem extrair os princípios fundamentais (psicológicos, linguísticos, sociolinguísticos) em que embasar, criticamente, sua ação pedagógica. O professor não precisa (nem tem tempo, nem pode) dominar todos esses campos do conhecimento; a pesquisa nessas múltiplas áreas não é viável enquanto o professor se ocupa de uma atividade didática com clientelas heterogêneas. Deve, porém, iluminar cada passo do processo em que se envolve para buscar compreendê-lo e generalizar os modos desse "fazer". Em outros termos, deve atuar em uma pesquisa que se coloque sob o referencial pedagógico: uma pesquisa que vise descrever e sistematizar a prática, de modo que seja possível que outros professores usufruam dessa descrição, ajustando seu trabalho aos conhecimentos teóricos, segundo as inúmeras variáveis pessoais e interpessoais em jogo na sala de aula.

Não pretendo propor uma nova forma de estudar o ensino/aprendizagem da língua escrita na norma urbana de prestígio, nem receitar novas técnicas. Meu interesse é para um trabalho pedagógico que mostre um alfabetizar letrando que se aproxime do processo natural do desenvolvimento psicológico da criança, acompanhando a maturação dos processos cognitivos envolvidos; por outro lado, que não situe esses processos exclusivamente no sujeito alfabetizando, mas nas relações sociais mais complexas que supõem a formação dos conhecimentos como "construção" social e coletiva, estreitamente vinculada aos usos sociais da linguagem. Essa é a razão pela qual tomo como pressuposto básico que o ensino/aprendizagem da modalidade escrita se vincule sempre a processos significativos e interativos: por isso, optei por uma proposta que "envolva" (literalmente) a alfabetização na oralidade das crianças, no diálogo, na discussão e contradição. Não se trata propriamente de voltar à velha tese da escrita como pura representação da expressão oral: trata-se de imergir as primeiras escrituras, limitadas por razões técnicas, em um ambiente de rica oralidade, onde esses fragmentos de escrita se contextualizem.

E isso não é uma questão de técnica, de procedimentos ou de estratégia, mas de método, no sentido mais forte desse termo: envolve concepções próprias do exercício da linguagem e do exercício pedagógico, envolve pressupostos e princípios gerais de natureza filosófica e sociológica, envolve atitudes em relação ao processo e aos participantes dele. Em vez de promover ao estatuto de métodos meras táticas e técnicas (globais, de sentenciação, de palavração etc.), revejo-as e revejo procedimentos e estratégias na realidade do dia a dia, que não é estática e dada: é criada, numa aprendizagem recíproca, pelos participantes do processo — professor e alunos.

Meu esforço de generalização da prática tem, assim, um propósito explícito: ele se dá nesse nível do que chamei método, deixando aberta aos professores uma variedade de caminhos e experiências. Cada professor tem sua história pessoal, habilidades e talentos próprios, modos de relacionar-se com as pessoas e qualidades a explorar que respondem melhor a suas iniciativas do que às minhas. A realidade social, pessoal e linguística dos alunos também será outra em cada situação, pelo que, tanto pelo lado do professor quanto pelo lado dos alunos, não se pode assegurar, em princípio, o sucesso de sugestões técnicas particulares. O problema para o alfabetizador é de como proceder, respeitadas as grandes dimensões metodológicas, para sempre reinventar-se como professor e reinventar seus procedimentos.

O que poderia parecer um entrave torna-se um desafio: o professor também se coloca como um aprendiz. Nem sempre ele disporá de informações satisfatórias prévias sobre a realidade social e linguística de seus alunos, nem pode ele parar o processo para pesquisá-la: tem que desenvolver sua sensibilidade para confiar nela. [Em todo processo de decisões há uma parte de conhecimento e (in)formação e uma parte de intuição e improviso.] Deve ele dar-se todo ao processo de interpretação da realidade mutável, avaliar os obstáculos e prever os meios de enfrentá-los, aproveitar cada passo bem-sucedido e saber reconhecer os seus equívocos. Não como quem busca no nada, mas como quem realimenta e reconstrói a ação sobre sua própria história e experiência.[3] Também sobre a história que constrói a cada dia, com competência.

É impossível, para quem pretende assumir os riscos dessa permanente revisão, fazendo variar procedimentos e estratégias, deixar de ser criativo e crítico. Mas também não pode deixar de ser um observador sensível: no ensino/aprendizagem da norma escrita, há muitos aspectos específicos a considerar e não se deve supor que todas as informações necessárias à prática já estejam catalogadas e analisadas. Nesse sentido, recomprometendo a noção de pedagógico e revalorizando a noção de método em um nível mais abrangente e abstrato, me proponho a examinar o aprendizado da escrita na norma urbana de prestígio.

Para atender aos propósitos que estabeleci acima, minha função de professora e meu papel de pesquisadora teve que fundir-se em uma pesquisa participante. Por pesquisa participante não se pode entender aquela que envolve o pesquisador na prática examinada em situações excepcionais e circunstanciais. É preciso acompanhá-la e coordená-la em todos os seus acontecimentos e suas etapas. É preciso que o pesquisador se insira pessoalmente como um dos elementos e um dos agentes do processo.[4] Por isso, depois de um trabalho prévio

---

3. Comparem-se, sobre essa permanente reconstrução da prática na realidade mutável, mas sob a luz de princípios metodológicos mais gerais, vários trechos de Freire e Faúndez, 1985, p. 41-2, 61, 66-7 etc.

4. Vejam-se, sobre pesquisa participante, os textos publicados em C. R. Brandão (Org.), 1981, e as referências feitas neles. Tomo o termo "pesquisa participante" em um sentido amplo: trata-se de uma pesquisa qualitativa que exige o contato contínuo e direto do investigador com o contexto em que ocorrem os fenômenos que estão sendo pesquisados. A preocupação fundamental é menos com resultados e mais com o próprio processo, pelo que o material a ser ana-

PEDAGOGIA DO ALFABETIZAR LETRANDO

de acompanhamento na pré-escola (hoje 1º ano do 1º ciclo), assumi a responsabilidade do ensino/aprendizagem da escrita em uma classe regular (hoje 2º ano do 1º ciclo), da rede de ensino oficial do Estado de São Paulo. Essas atividades se realizaram no final do ano de 1984 e durante todo o ano de 1985.

Dada a complexidade da situação em que me envolvi, servi-me de variados procedimentos de coleta e análise das informações relevantes para a pesquisa. Utilizando um aparelho simples, gravei durante todo o processo, alternadamente, situações de diálogo e manifestações das crianças. A princípio, houve pequenos problemas de curiosidade (ativadora e inibidora, conforme o aluno); logo, porém, o gravador se tornou um objeto familiar, parte do material de sala de aula, como a lousa e o giz. E pude colher inúmeras peças bastante informativas e significativas para a análise do processo. Essas gravações, no início diárias e mais tarde rarefeitas, foram transcritas à medida que eram feitas. A primeira utilização desse material foi para uma pesquisa aproximativa da linguagem das crianças. Mas não me serviram somente para esse fim ou para a futura documentação deste livro: serviram-me para um estudo contínuo do comportamento das crianças, suas aspirações, desejos, idiossincrasias, em um permanente replanejamento das atividades.

Outro instrumento utilizado sistematicamente foi o diário de classe. Substituía, com ele, o gravador, que não podia estar o tempo todo ligado, anotando não somente o conteúdo e a evolução das atividades, mas também fragmentos de diálogo espontâneo, reações das crianças em situações problemáticas, indicações sobre fatos e circunstâncias que julgava, no momento, relevantes. Essas anotações eram recompostas diariamente com as gravações efetuadas, formando um

---

lisado é extremamente rico e variado, consistindo sobretudo de descrições circunstanciadas de episódios e fatos. Na análise, predominam procedimentos hermenêuticos, de interpretação contextual da rede de fenômenos, buscando-se captar a significação deles na perspectiva dos participantes. Nem por isso deixam de valer os pressupostos teóricos (quando não filosóficos e ideológicos), sob cuja luz o pesquisador observa o processo. A propósito, vejam-se Bogdan e Biklen, 1982. Uma excelente síntese e avaliação crítica se encontra em Ludke e André, 1986, sobretudo os capítulos 2, 3 e 4.

quadro bastante informativo de cada atividade realizada para uma avaliação contínua do processo. É preciso notar que o procedimento de coleta dos dados era facilitado pelo fato de haver sempre crianças agindo e interagindo na sala de aula, debruçadas sobre o papel ou na lousa: isso me oferecia momentos intercalados para uma anotação rápida e imediata, sem depender da memória a longo prazo para a manutenção da fidelidade das expressões e contextos.

Durante o tempo em que me ocupei das aulas, só era possível uma análise de cada dado ou conjunto de dados e uma categorização provisória para referências futuras. A ênfase não era posta na análise e categorização dos dados, mas na avaliação contínua e realimentação do processo em seu curso. Acrescentem-se a esses dados todos os elementos escritos, sejam por mim (preparo de material didático, de exercícios, observações etc.), sejam os elementos elaborados pelas crianças (desenhos, tarefas, pequenos bilhetes, textos etc.). Enfim, levei em consideração o resultado de múltiplas entrevistas (sempre que possível informais e fisgadas em momentos oportunos) com as próprias crianças e seus pais.

A análise e organização desses dados, na reflexão posterior às atividades em sala de aula, tiveram duas balizas fundamentais: em primeiro lugar, as próprias etapas do processo; em segundo, alguns grandes temas que ganhavam proeminência, quer por organizar os fatos em torno de alguns problemas, quer por se agruparem sob uma mesma questão teórica. Fiz, assim, uma descrição mais detalhada de momentos do processo: a fase da pré-alfabetização (conceitos e habilidades já desenvolvidos e a desenvolver); a fase da instrumentação (seus problemas e as estratégias utilizadas); a leitura; a produção dos primeiros textos. Por outro lado, os elementos de fato nessa descrição me orientaram na avaliação de algumas hipóteses mais gerais, que deixo para enumerar a seguir.

Tratando-se de um projeto pedagógico, há sempre a questão da eficácia do processo em que nos envolvemos. Em uma pesquisa participante, com os propósitos que me animam, fica difícil, senão impossível, adotar procedimentos clássicos de avaliação. Por isso, optei por um processo de "avaliação iluminativa". Dado o fato de a pesquisa incidir sobre uma situação específica e não repetível (cada classe deve ser tomada como um exemplo único de circunstâncias e costumes, de opiniões e estímulos de trabalho, de concepções e preconceitos, de histórias particulares que influenciam as relações no processo), essa avaliação não se faz com base em padrões externos por comparação e correlação, mas entre momentos do próprio processo, "iluminando-o" no sentido de mostrar o seu próprio desenvolvimento.[5]

Também não se deve desconsiderar uma comparação genérica, ainda qualitativa, entre os resultados dos procedimentos adotados para a aprendizagem da norma escrita levando-se em conta os processos de alfabetização e letramento e os resultados conhecidos de uma alfabetização em seu sentido restrito. Em outros termos, torna-se fácil comparar os resultados do processo em que nos envolvemos, meus alunos e eu, e o grau de aproveitamento constatado habitualmente nas escolas da rede pública do Estado.

Para completar essas notas introdutórias relativas aos pressupostos filosóficos e pedagógicos e à metodologia da pesquisa, resta-me fazer uma síntese das hipóteses mais específicas deste trabalho. Elas ficarão aqui um pouco densas e sem maiores justificativas: mais importante será retomá-las, uma a uma, no desenvolvimento da própria pesquisa, associando-as à prática a que serviram de base (como hipóteses de trabalho) e aos fatos que parecem confirmar sua validade pedagógica.

Um princípio pedagógico elementar é que a prática se defina sobre um conhecimento, o mais minucioso possível, da realidade em que se insere. No caso particular do ensino/aprendizagem da norma escrita, além de uma avaliação da realidade socioeconômica, esse conhecimento envolve um exame cuidadoso da linguagem da criança. O ponto de partida é a consciência de que essas crianças já possuem um "saber" extremamente complexo da língua e dos múltiplos recursos expressivos nela contidos, de que se servem na expressão e comu-

---

5. Leia-se, particularmente, Parlett e Hamilton, 1975.

nicação oral. No capítulo 1, relato as estratégias de que me servi para ter acesso a essa "gramática",[6] e descrevo os resultados de uma análise simples e operacional de suas peculiaridades.

Além desses aspectos, mais estritamente linguísticos, Emília Ferreiro chamou a atenção dos alfabetizadores para alguns aspectos cognitivos. É preciso levar em conta, também, o "saber" das crianças a respeito da própria escrita: como elas a concebem? Que propriedades específicas identificam nos objetos escritos? Algumas respostas a essas questões puderam ser obtidas via entrevistas diretas com as crianças. No capítulo 2 trabalhei sob a pressuposição de que o professor deve programar atividades visando, se não uma homogeneização da classe, pelo menos uma aproximação das crianças aos níveis de maior avanço na conceituação que os alunos fazem sobre a escrita. Então, os capítulos 1 e 2 descrevem, assim, fases preparatórias que incluem os cuidados de conhecimento da realidade social, linguística e cognitiva das crianças e descrevem as estratégias adotadas, tanto na avaliação dessas condições preliminares, quanto no preparo dos alunos, levando-se em conta um ambiente letrado (letramento). Embora não aceitando reduzir esse preparo para a alfabetização a uma quentao de "maturação" ou "prontidão", não deixei de cuidar do desenvolvimento de habilidades motoras e perceptivas indispensáveis às tarefas de discriminação e reprodução fina dos traços e sequências gráficas (alfabetização).

O capítulo 3 se ocupa do processo de instrumentação para a escrita, isto é, da fase de alfabetização em seu sentido mais restrito. Considerando que o processo de aquisição da técnica da grafia é necessariamente restritiva em relação à riqueza da linguagem oral das crianças, estabeleci, como base da alfabetização e como mediação inicial necessária, uma forte correlação entre a oralidade e a escrita. Como observei acima, não se trata de considerar (equivocadamente) a escrita como mera transcrição de expressões orais: trata-se de inserir os

---

6. "Gramática" se usa no sentido do saber interiorizado pela criança sobre as regras da linguagem que utiliza. Aproximadamente no sentido de "competência" de Chomsky. (C. Franchi, 2006, p. 37)

fragmentos de escrita, desde os primeiros (alfabetização), em uma atividade dialogada em que se tornem sempre carregados de significação e se contextualizem como requer o letramento.

Assim, do ponto de vista da linguagem, assumo a hipótese de que a aprendizagem da linguagem escrita, na sua fase inicial, tem que operar sobre elementos significativos (como parte da atividade de representação e significação da linguagem). Isso não implica que o início do processo de alfabetização deva incidir sobre unidades significativas mais amplas (enquanto objetos linguísticos escritos) — sentenças, relatos, histórias; inclusive para evitar as dificuldades desses métodos no domínio dos processos combinatórios de análise e síntese indispensáveis à produção de escritas ainda não vistas ou praticadas. Tomei, ao contrário, a própria atividade oral das crianças como o meio conveniente para assegurar às primeiras atividades de escrita um contexto comunicativo e significativo. Um dos cuidados mais importantes a considerar nessa prática é o de uma permanente atenção para a modalidade coloquial das crianças e uma contínua associação desta à modalidade da escrita na norma urbana de prestígio.

Do ponto de vista cognitivo, considero que conhecer não é um processo puramente subjetivo e individual: a construção dos conhecimentos é sobretudo resultante de uma intensa interação com os outros. É certamente outra razão para uma prática discursiva, dialogal, que admita a negociação, a contradição, a partilha. A hipótese fundamental em jogo é a de que a coordenação de diferentes esquemas das ações individuais (inclusive e sobretudo as ações que se fazem na linguagem e pela linguagem) constitui a fonte da construção social dos sistemas convencionalizados. É claro que a ênfase em uma atividade social, em um trabalho coletivo e conjunto, não exclui, nem na prática, nem na teoria, o trabalho individual e seu contínuo acompanhamento.

Assim, um alfabetizar letrando não se constitui num processo mecânico de mera correlação entre dois sistemas de representação; de fato, é preciso sempre considerá-lo nesse quadro em que a linguagem se concebe em seu caráter social e constitutivo dos sistemas de representação das relações da criança consigo mesma, com os outros e com o mundo. Isso, porém, não implica uma desconsideração dos aspectos técnicos e manipulativos da escrita. Ocupei-me bastante do estabelecimento dos passos graduais e hierarquias de dificuldades, bem como da seleção das formas mais adequadas para os processos de análise e síntese e de exercícios sistemáticos de fixação (sempre inseridos na prática dialogal estabelecida como pressuposto).

As sugestões de Miriam Lemle (1983; 1987, p. 25-9), embora comprometidas com algumas hipóteses teóricas relativas à linguagem e à sua aquisição, de que não compartilho, me foram muito úteis na prática da instrumentação. De acordo com Lemle, em uma primeira etapa, as crianças desenvolvem a hipótese de "um casamento monogâmico" entre sons e letras, isto é, de uma estreita correlação entre escrita e fala. Em uma segunda etapa, as crianças se dão conta da arbitrariedade nessa correlação e substituem as generalizações da etapa anterior por sinais de insegurança e inquietação. Com uma nova hipótese, na etapa seguinte, resolvem parte desses problemas, estabelecendo que há certas regularidades contextuais entre fala e escrita, condicionadas por determinados ambientes ou oriundas da morfologia.

O trabalho do professor, então, não é o de contrariar as hipóteses iniciais insuficientes, mas oferecer, gradualmente, o material de fato necessário e as condições de trabalho satisfatórias para a construção, pelas próprias crianças, dessas hipóteses sucessivas.

Finalmente, no quarto e último capítulo, me preocupam mais particularmente os processos de leitura e produção de textos pelas crianças já instrumentadas. Não que esses processos não me tenham ocupado antes: já disse que a alfabetização e o letramento não são processos independentes, mas interdependentes e indissociáveis.

Mesmo tendo vinculado tão fortemente a aquisição da escrita à oralidade, sempre tive em mente que "escrever nunca vai ser a mesma coisa que falar" e ler nunca vai ser a mesma coisa que realizar uma decodificação do texto em um sistema fonético. De fato, o texto tem uma certa autonomia, enquanto objeto significativo e comunicativo, quando é produzido, e supõe uma atividade criativa do leitor, quando lido.

Durante o processo inicial de aquisição da escrita, os textos eram produzidos oralmente, funcionando eu como anotadora e escriba; logo que instrumentadas, sob minha orientação, as próprias crianças reconstruíram suas composições, lendo-as, discutindo-as e transformando-as. No capítulo 4, porém, acompanho as crianças escrevendo os seus textos por inteiro, em uma atividade individual: num primeiro momento, são esses textos um instrumento de comunicação e expressão de si próprias; logo, porém, se tornam modos próprios de representar a realidade, incluída nessa representação a imaginação e a fantasia; enfim, se constituem em um objeto lúdico de apreciação e de prazer estético.

Espero ter conseguido aliar, sob a força dos pressupostos políticos e ideológicos que me movem, de um lado as exigências da pesquisa científica em educação, de outro lado os propósitos de cumpri-las como uma contribuição ao estabelecimento de um contato real entre essa pesquisa e a prática pedagógica de meus colegas professores. Minha intenção foi, também, fazer resultar desta pesquisa um texto simples e coerente, sem excessiva linguagem técnica e adornos desnecessários, para que ele não somente exprimisse uma atitude diferente em relação ao processo de ensino/aprendizagem da escrita na norma urbana de prestígio, mas também, e sobretudo, pudesse adaptar-se às peculiaridades de cada domínio da pesquisa no seu anseio de interdisciplinaridade e às possibilidades e preocupações de cada alfabetizador em sua prática.

É possível que, neste meu trabalho, se encontrem alguns aspectos singulares e originais; mas também estou interessada em que o professor-leitor se reencontre nele pela similaridade de acontecimentos e circunstâncias que tem encontrado na sua prática: uma espécie de convivência no espaço simbólico de meu texto. Ao leitor-especialista solicito que tenha em mente esses propósitos e a necessidade de uma visão de conjunto dos múltiplos aspectos coligados nos processos de alfabetização e letramento, quando lhe pareça que simplifico demais os elementos da teoria que elaboram. Que não se feche em seu domínio de investigação, nem em um tema ou família de temas, mas considere o desenvolvimento da linguagem na criança em uma perspectiva dinâmica, cujos parâmetros e faces de aproximação são todos solidários, quando situados do ponto de vista do professor.

Capítulo 1
A fala das crianças nas "brincadeiras de círculo"

Para poder preparar mais adequadamente meu projeto de trabalho na alfabetização, em novembro de 1984 iniciei minhas atividades em uma classe de pré-primário (hoje 1º Ano do Ciclo I) numa Escola Estadual de um distrito próximo de Campinas (SP). A maior parte das crianças (vinte e três) iria compor, com outras, a 1ª série (hoje 2º Ano do Ciclo I) de que me encarregaria no ano seguinte.

Chamei esse programa preparatório de "brincadeiras de círculo" porque, embora tudo se passasse no horário escolar e na sala de aula, os alunos se reuniam em um círculo ou em pequenas rodinhas, para diversas brincadeiras. Essas atividades se desenvolveram durante uma hora e meia todos os dias, do início de novembro a meados de dezembro.[1]

Os objetivos desse programa eram sobretudo o de familiarizar-me com os alunos e com as características da comunidade de que provinham, bem como levantar informações sobre sua realidade social e linguística. Para que minha interação com eles fosse eficiente, era preciso que nos conhecêssemos mutuamente: eles, nesse contato mais

---

1. Contei com a colaboração da professora responsável pela classe, que me auxiliou, sempre atenciosa e gentil, no conhecimento de seus alunos e nas atividades desenvolvidas.

à vontade, perceberiam minha maneira de comportar-me com eles, meu jeito de ser; eu, penetraria em seu mundinho e aprenderia com eles os vários modos pelos quais representavam sua realidade cotidiana. Penso ser desnecessário insistir na importância dessa permuta de ideias e representações, dessa formação de imagens recíprocas, para um trabalho conjunto que envolveria antes de tudo a linguagem.

Além disso, nós poderíamos estabelecer juntos, à medida que ampliássemos essa interação, as "regras do jogo" que iríamos jogar. Quais as minhas intenções? De que instrumental me serviria? Quais as regras implícitas comuns dessa interação? Haveria hora de falar e hora de calar? Quais os objetivos muito particulares que eu tinha e que objetivos eles poderiam estabelecer para si próprios? Sobretudo, nessas primeiras atividades em comum, deveríamos estabelecer os laços afetivos que iriam ser tão importantes para o trabalho comum.

Interessava-me, sobretudo, descobrir as características próprias da fala das crianças. Como já vimos na introdução, propunha-me a basear o trabalho de alfabetização e de letramento sobre a modalidade oral em que as crianças se expressavam. Por isso, era indispensável conhecer, o mais minuciosamente possível, as peculiaridades de seu léxico, de sua sintaxe e morfologia e mesmo aspectos discursivos relativos aos temas e intenções de sua fala. Para a obtenção desses dados, não desejava servir-me de técnicas e instrumentos como formulários ou questionários que, por ficarem muito distantes das condições de situação espontânea, seriam certamente inibidores e pouco informativos. Meu esforço se dirigia para criar situações de fala, diretamente vinculada a seus interesses e a sua vida, para que aí sua linguagem brotasse livre das restrições habituais na escola. Sempre que possível (ajudada pela professora da classe), anotava as condições da situação e as expressões espontâneas das crianças, sobretudo aquelas que pareciam mais características de sua fala; logo que todos nos familiarizamos com o gravador, passei a gravar sistematicamente todas as manifestações das crianças, que transcrevia logo a seguir para não perder as impressões e a memória da situação discursiva em que se tinham produzido.

Este capítulo se destina a relatar os aspectos mais importantes dessa interação inicial com as crianças, visando a caracterizar as situações de obtenção de dados sobre a fala das crianças. Destina-se, ainda, a descrever, mesmo que intuitivamente, as características dessa fala que me servirão para o trabalho posterior.

1. Os primeiros contatos: papéis e regras do jogo

Sem muito pré-aviso, eu me fui introduzindo, vagarosa e silenciosamente, na rodinha dos alunos. Era o momento em que estavam acostumados a agrupar-se, no início da aula, com a professora, para contar as novidades do dia. As crianças me observaram um tempo, como se perguntassem a que eu vinha, mas logo estabeleceram comigo um diálogo. (Claro: eu é quem era a novidade do dia.)

1

> — Quem é você? Você é otra tia?
> — Não. Não sou otra tia.
> (*Sem que pudesse continuar a identificar-me, outra criança questionou:*)
> — Então que qui cê veio fazê aqui?
> — Vim porque estava curiosa para saber o que acontece nesta rodinha.
> — Ah! mais você é grandi i num é tia? Como cê chama?
> — Eu chamo —. Eu sou a — e você quem é?
> (*Apontei para o menino que me fez a pergunta e logo continuei, como quem busca um assunto:*)
> — Aqui é primeiro ou segundo ano?
> — Nããão! Aqui é prezinho, num sabi?[2]

As crianças logo foram identificando-se pelo nome. Somente três crianças não o fizeram, entre as quais a Sterlléia; estava mais interes-

---

2. Estive muito em dúvida sobre o modo de transcrever a fala das crianças. Optar por uma transcrição fonética, a tornaria ilegível aos não familiarizados. Adotei, por isso, uma transcrição aproximativa. Tenho consciência de sua inadequação para propósitos de análise linguística, mas consigo, por meio dela, passar aos leitores as informações mais relevantes sobre a fala das crianças para os propósitos deste trabalho. Quanto à minha própria modalidade oral, não será transcrita, mas simplesmente grafada na forma escrita, pois ela não é objeto do estudo.

sada em continuar o assunto que a minha chegada interrompera: o nascimento de seu irmãozinho. Excitadíssima, ria a todo momento. Já o Gabriel, carrancudo, manifestava a raiva por ter esquecido o dinheiro recebido do pai para comprar "Chipz" (uma guloseima vendida na cantina da escola). O Gustavo se punha acabrunhado: tinha chegado tarde e perdido seu lugar favorito na rodinha.

Aproveitei-me dessas situações para iniciar uma brincadeira com as crianças. Os alunos iriam manifestar, a seu modo, diferentes sentimentos e atitudes. Um dramatizava a alegria com pulos e a fisionomia escancarada; para a tristeza, fechavam o rosto e imitavam choro; outros rangiam os dentes, contraíam os músculos da face e davam murros na mesinha para expressar sua raiva. Uma criança disse estar com saudades da "tia " (que tinha saído um pouco da classe) e a Miriam, carinhosamente, começou a passar a mão em meus cabelos dizendo que eu era a "nova tia". Outra enrolou uma blusa de lã e passava a mão sobre ela dizendo que estava acariciando sua boneca; e o Jorginho, muito safado, pegou o gorro da Camila e acariciou o pompom dizendo que era a cara de seu gato. Nessa hora a classe observou a expressão real de raiva e brabeza da Camila, contra a provocação do Jorginho. Durante esse "faz de conta", em parte real, eu ficava observando a originalidade das crianças e mesmo alguns aspectos das relações peculiares que se estabeleciam no grupo. Mas, mesmo procurando tornar a brincadeira espontânea, era óbvio o meu papel de provocadora das situações e, na perspectiva das crianças, de observadora diferenciada, para quem dirigiam os olhares e a manifestação.

Este ponto no relato já me permite alguns comentários iniciais. Eu tinha imaginado o meu papel entre as crianças não como o de uma "nova tia", mas como o de uma animadora, a "colega mais grande" do grupo. Tinha a ilusão de conseguir desfazer as diferenças (de papel social e de idade) participando, como uma entre os outros, das "brincadeiras de círculo". Estava talvez caindo na peça do "democratismo" escolar, que imagina possível mascarar a relação de dependência entre os alunos e o professor nas escolas. No fundo, queria evitar "substituir", no carinho das crianças, a professora, efetiva. (Por outras experiências, sabia como os professores se enciumam das interferências de estranhos no "seu" domínio.) Começo por desmanchar esse meu equívoco em uma reflexão sobre o equívoco geral dos que pretendem uma dissolução do papel do professor.

Qualquer leitor deve ter observado que as crianças não caíram nessa peça. Logo me identificaram por um papel específico e diferenciado: "Você é otra tia?" E mesmo quando tentei evitar essa distinção, tinham lá suas razões para contestar-me: "Ah! mais você é grandi i num é tia?". É preciso notar que "tia", nesse contexto, já não possui os traços semânticos de uma relação de parentesco. "Tia" é substituto de "professora". As pessoas podem ter a ilusão de que as palavras carregam sempre consigo, para todos os contextos, as conotações que adquiriram pelo seu uso em outros. Mas não é necessariamente assim. Usada como tem sido na escola, a categoria "tia" já se foi reconstituindo nesse contexto e, na maioria das situações de sala de aula, já vem associada a aspectos autoritários, que o comportamento das professoras-tias manifesta nessa situação. Como ilustração, trago aqui um episódio ocorrido dias depois.

Fazíamos, em classe, atividades de dramatização. Uma das alunas quis representar o papel de professora. Colocou um dos vestidos da "mala das fantasias",[3] pegou um livro e um estojo preto. Colocou tudo sobre a mesa como eu costumava fazer, explicando que o estojo era o gravador. Com um giz na mão, foi logo gritando com dois colegas:

2

> — Pára di falá, sinão vô mandá ocêis imbora!
> — Eu falu mais ainda, prontu.
> — É? I eu fico cum dor di cabeça, nervosa.
> — Discupa.
> — Si voceis num pará di conversá voceis ficum di castigu!
> — Discupa, tia. Nós somu matraquinhas, mais num vamu mais fazê issu porque sinão a senhora grita di novu e nós ficamu assustadus.

---

3. A "mala das fantasias" era a mala que eu levava à escola, com todo tipo de indumentária e bugigangas para caracterizar a situação e os alunos por ocasião das dramatizações.

Não cabíamos (espero), a colega responsável pela classe e eu, nesse modelo de professora. Mas a imagem da "tia", com dor de cabeça e nervosa com o comportamento irrequieto das crianças, já estava construída por um estereótipo social ou pela observação dos gritos que poderiam bem ouvir nos corredores e em salas vizinhas.

O uso de "tia" somente disfarça a relação necessariamente assimétrica entre o educador e seus educandos: um receio de incorporar os aspectos autoritários da tradição escolar, pela ilusão de que, mudando-se o nome, mudam-se as relações. Isso se pode ligar à história recente da educação: acostumamo-nos a reagir contra o formalismo das relações entre professor e aluno na pedagogia tradicional. Umas das formas dessa reação, que de um modo geral toda escola moderna apresentou, com matizes às vezes específicos a diferentes expressões desse movimento geral, foi a tendência de, centrando a prática educativa na criança, tentar igualizar professor e aluno. Posicionar-se contra o formalismo do educador tradicional não leva a reduzir o professor a uma réplica do aluno. O educador não é propriamente um animador, nem um colega mais velho, nem alguém similar a parente ou tio, mesmo quando tenha de animar, de transmitir experiências de uma vivência amadurecida e de ligar-se aos alunos por laços de afetividade. Ainda que não seja autoritário e repressivo, o professor dirige e coordena as atividades em sala de aula. Não somente dirige (que é o traço da autoridade), mas dirige para coordenar e coordena para criar as condições de um trabalho comum. E o faz melhor se assume efetivamente, sem máscaras, a diferença de seu papel institucional e social.[4]

---

4. Paulo Freire observava, nas discussões de orientação, que essa questão do uso de "tia" não deixa de refletir alguns aspectos ideológicos negativos. Por um lado, é como se a professora devesse envergonhar-se de ser professora, tentando ocultar o seu papel sob um nome de parentesco. Por outro lado, sendo "tia" dos seus "sobrinhos", por que lutar pela melhoria das condições de trabalho e de salário? Há um componente de "idealização" no uso de "tia" semelhante ao que durante tanto tempo paralisou o movimento dos docentes com ideias tais como "missão nobre", "trabalho desinteressado" etc.

Um precursor bem mais distante dessa atitude teria sido Rousseau, com sua ideia libertária de educação negativa, na desconsideração da ordem constituída. Isto animou outros renovadores

Na verdade, eu tinha planejado desenvolver com as crianças uma atividade em que experimentassem diferentes processos e meios de expressão e representação. Desejava, ainda, que começassem a experimentar os vários meios pelos quais se pode "guardar" a memória do que se diz. Esses eram objetivos em meu plano, que não haviam nascido da cabeça das crianças; elas não planejam comunicar-se e expressar-se: criadas as condições de um exercício pleno da linguagem, simplesmente se comunicam e se expressam. Por isso havia provocado as várias formas de comunicação corporal e gestual de vários sentimentos que relatei acima. Quando o Jorginho, talvez mais empenhado em demonstrar carinho do que em irritar a Camila, imaginava seu gatinho no pompom do gorro de lã, surgiu-me a ideia de sugerir uma mudança de atividade. Por que não desenhavam o seu animal de estimação ou seu brinquedo predileto ou mesmo um de seus amigos favoritos? E seria interessante que se desenhassem também; não os conhecia bem e pelo desenho poderia começar a reconhecê-los mais facilmente.

---

até ao excesso; a liberdade da criança seria o único princípio básico em educação: o *laissez-faire* na pedagogia. A infância e adolescência tem um sentido próprio, tem de falar por si. Essa ideia se desenvolveu sobretudo na Alemanha, com o chamado "movimento juvenil" que, nas colinas de Meisner, em 1913, proclamava pela voz de milhares de adolescentes "querer configurar sua vida por sua própria resolução, com sua responsabilidade própria e com íntima veracidade". Os alunos, nessa tendência, se agrupavam à vontade em redor dos mestres em chamadas *kamaradschaften*: o professor era somente um "camarada", sem condições de colocar aos discípulos seus pontos de vista intelectuais ou morais, estabelecidos em outros momentos e para outras necessidades.

Entretanto, é importante que a educação concilie a formação da individualidade, a constituição dos alunos como "sujeitos", com a integração das perspectivas históricas e sociais que compõem o sistema cultural e político em que se inserem. Não há por que imaginar a educação como um contínuo processo de ruptura dos princípios e regras (em um sentido cultural, antropológico, histórico e social de regras) que estruturam esse sistema. Nem há por que confundir, nesse processo, o papel específico do professor e mesmo sua "autoridade" com os vícios do autoritarismo.

3

— Num acho não. (*Contestou logo o Daniel.*) Eu não sô capaiz de "desenhá eu como eu pareço".

— Eu sô. (*Disse o Gustavo.*) E você coloca a genti "no quadru da classi".

— É, mais num cabi tudo mundo. (*Foi a vez do Ricardo.*)

— Já sei. (*Sugeriu a Flavinha.*) Vamus fazê tudo num cartaiz só. Você compra e amanhã a genti faz cada um ele na cartolina e põe o nomi. (*Nessa ocasião as crianças já sabiam mais ou menos identificar o seu nome. Então, o Jorginho, que sempre falava forte e gritado interrompeu:*)

— Ah! não. Vão (*vamos*) fazer hoje mesmo, naquela folha grandona do chão. Podi? Di quem ela é?

— É minha. Achei que poderia ser útil hoje para nós. E não é que vai ser mesmo?

Tratava-se de uma folha bem grande, de papel de embrulho de uma loja, que eu havia trazido de casa e colocado propositalmente em um canto, no chão da classe. (Sempre me servia de materiais assim.) Imaginava justamente despertar para ela o interesse de alguma criança, como foi o caso do Jorginho. As crianças se atiraram para o papel e surgiu o problema da repartição do espaço. Assumi o comando: dividi o papel em várias dobras, ajudei as crianças a comporem pequenos grupos, e cada grupo por sua vez esparramou-se no chão, em torno de sua parte no papel de embrulho, para se desenhar.

4

— Olha! eu sô a qui tenho um "rabo" com essa fita no cabelo (*Míriam*).

— Venha vê. Eu tenhu u cabelu bem curtinhu (*Camila*).

— Teu tênis é amarrom, viu? Puxa! Você num vai consegui nunca sabê nóis (*Cristiano*).

— Bobo! E o nomi? Ela sabi lê (*Camila*).

(*Os alunos discutiram o papel dos nomes escritos sob as figuras. Mas não havia outros Antônios, outros Carlos e outras Mírians nas séries mais avançadas? Era preciso marcar no quadro que se tratava de alunos daquela série.*)

— Vamos colocar um nome no quadro? (*Sugeri.*)

— "Alunos do Pré" (*Juninho*).

— Não. "O Prezinho" é mais bunitu (*Karina*).

> — Eu acho "os amigos" (*Gabriel*).
> — Que tal se a gente unisse as ideias do Gabriel e da Karina,..."o prezinho"... "os amigos"... ..."os amigos"... "o prezinho"...
> — "Os Amigos do Prezinho". (*Gritou o Daniel.*)
> — É issu aí!
> — Bacana, seu.
> — E onde você acha que devo escrever o nome? (*Perguntei à Sterlléia.*)
> — Escrevi aqui. Aqui im cima. (*Apontando com o dedo.*)

Rodeada pelas crianças, escrevi o título do quadro no local indicado, pronunciando-o bem alto e compassado, mas sem soletrar. Cada um corria o dedo pelas letras, como se estivessem lendo "Os Amigos do Prezinho".

As crianças haviam passado, de uma atividade livre de representação figurativa, a uma relação mais direta com a escrita e sua função de memória das informações, sobretudo manifestando, afinal, suas "intenções" de leitura. Sinto-me tentada a comentar, já neste ponto, alguns aspectos dessas atividades, mas deixo os comentários para depois de outros dois episódios relevantes para a discussão que desejo fazer.

A questão relativa aos vários modos de "gravar" as informações que desejava recuperar mais tarde (uma ponte inicial para a compreensão do papel da escrita que pouco a pouco se queria introduzir), permitiu-me colocar o problema do gravador, que já vinha despertando a curiosidade das crianças. Era preciso que elas soubessem por que e para que ele me era tão importante. Conversamos sobre sua utilidade para mim. Por outro lado, despertei nelas o interesse pela lembrança do que iria acontecendo na sala de aula: todo mundo gosta muito de ouvir sua própria voz e eu gostava também muito de ouvi-los.

Todos quiseram gravar no fim da aula alguma coisa. No início houve um pouco de inibição, mas logo, "puxados" pelos mais desembaraçados, foram esquecendo-se do gravador e soltando a fala. No começo, falavam de um modo estereotipado que fazia lembrar um pouco um jogo de perguntas e respostas; depois conseguiram soltar-se e expressar-se com muito maior espontaneidade e desembaraço:

5

> — Eu sô a Karina.
> — I eu sô o Cristiano.
> — Eu tô pensanu im saí cuma garota.
> — Gostaria di brincá cum bunequinha.
> — Eu muntei o cavalu e tirei fotu.
> — Um dia meu pai foi jogá bola e aí feiz dois gol e ganhô um troféu.
> — Sabi do que a "tia" Bernardete tá gostanu? É di viajá. Ela disse otro dia.
> — Hoje eu tô gostanu di uma coisa. Quem qui adivinha?

Era o fim da aula e pude perceber que tinha obtido um primeiro sucesso: as crianças pareciam ansiar por que eu voltasse no dia seguinte. O importante era conseguir manter aquela convivência agradável e natural de diálogo. De fato, no dia seguinte, mesmo chegando eu devagarinho, as crianças foram logo saindo da rodinha a meu encontro, pedindo o gravador e logo dispondo-se para ouvir o resultado:

6

> — Credo! Que voz fininha qui eu tenho!
> — O Jorginho fala tudo gritado, né?
> — Minha voz tá boa, né?
> — Ei Karina. Você precisa falá mais alto.

Quando as vozes terminaram, mostrei-lhes como também podiam "ouvir o silêncio": somente o barulho do girar do teipe; lá fora, na rua, um cachorro latindo, o motor de um caminhão; um lápis caindo na sala. Foi então que veio a surpresa que lhes havia preparado: começava no gravador a voz delicada da Nara Leão na música alegre de um trecho de *Os Saltimbancos*, do Chico Buarque. As crianças foram logo servindo-se dos "instrumentos de percussão" que eu havia levado em minha mala: caixas de papelão e latas, que eram os "bumbos" e "caixas", arame grosso que soava como os triângulos, tampas de panela como "pratos". Não havia instrumentos para todas as crianças e, outra vez, tivemos que nos organizar: uns tocavam, outros dançavam. Da bagunça inicial, passou-se logo a uma discussão generalizada sobre como adaptar instrumentos e passos de dança ao ritmo das diferentes músicas que se seguiam. Havia hora para os bumbos das caixas de papelão, mais surdos e mais apropriados às músicas profundas e misteriosas. Havia hora de um ritmo mais leve e suave, para o som dos "triângulos" de arame. E havia hora de alegria e de marcha, em que o ritmo da dança crescia e as tampas de panela entravam em ação. Quando o cachorro, da música dos saltimbancos, protestava por se tornar "cada vez mais cão", sua irritação se manifestava nas latas e pratos.

Havíamos passado, em dois dias, por diferentes formas de manifestação pessoal: a fala descontraída; os gestos e esgares; a escrita e a gravação; a música, a percussão, o ritmo e a movimentação corporal. Havíamos experimentado vários modos de fazer correspondências entre essas diversas formas de manifestação e situações, temas e sentimentos. Havíamos experimentado a necessidade de gravar, recordar, reproduzir. Não se havia, porém, explicitado nada disso como em uma lição escolar: tratava-se somente de viver essas diferentes experiências. Esses eram alguns dos objetivos que eu havia selecionado e em cuja direção orientava meus alunos, mesmo que tudo parecesse ter sido absolutamente casual, nascido das crianças, independentemente de meu projeto. Por isso, quero discutir um pouco aqui o papel do educador no planejamento das atividades e, nesse planejamento, a importância da improvisação.

O professor, às vezes, no seu esforço de preparo da aula, planeja as atividades em todos os seus detalhes. Por exemplo, imaginem que eu tivesse preparado para cada aluno o seu próprio quadrinho, já enfeitado de florzinhas, com o nome de cada um escrito em destaque. Pior ainda se preparasse os desenhos para pintura. Ou que já montasse questões fixas: o que vocês acham que vocês têm de diferente dos outros? Vamos dar um título ao nosso quadro? Que título vocês acham mais interessante?

Esse tipo de preparo reduz bastante as iniciativas das crianças e faz perder-se a possibilidade maravilhosa do improviso e da surpresa. Coordenar as atividades é saber orientar a atuação dos alunos para esse espaço de espontaneidade e aproveitá-las todas, para que todos se sintam responsáveis pelo trabalho comum. Aquele papel de embrulho das Casas Pernambucanas, que deixei a um canto, não tinha nada de "escolar". Não era coisa de sala de aula. Por isso, conseguiu provocar toda uma discussão, até que o Jorginho lhe atribuísse uma função na atividade que exerciam. Era um achado dele. Por isso era também uma forma de criar saber manusear e dar função a materiais simples que estejam à disposição. O fato de que tal papel de embrulho não se prestava a uma atividade conjunta de todos os alunos, colocou-nos um problema de organização: às vezes temos que decidir sobre a vez de cada um. Por outro lado, escrever o nome sob as figuras já não era um simples ritual escolar; tinha a função identificadora derivada de um problema real: como a "tia" vai poder identificar as figuras por detalhes pouco claros como "o rabo" e a fita da Míriam, pelo cabelo curtinho da Camila e pelo tênis "amarron" do Cristiano? "Puxa! você num vai consegui nunca sabê nóis!"

Imaginamos, às vezes, que as atividades se desenvolvem melhor quando dispomos de um sofisticado material de apoio. Meus instrumentos musicais — as caixas de papelão, as tampas de panela, os arames e as latas — não tinham certamente a sonoridade dos bumbos, tímpanos e triângulos, e mesmo levaram um certo desconforto à vizinhança. Mas possuíam um aspecto provocador importantíssimo: levavam a um rico exercício de transformação. Muito aprendemos quando conseguimos brincar de trenzinho com caixinhas de fósforo, de cavalo com cabos de vassoura, de aviõezinhos com dobraduras de papel. Não sei se já nos demos suficientemente conta de quanto perdemos com a perda desse antigo esforço de simbolização criadora, que as fábricas de brinquedo substituíram sem compensação. Além disso, o jogo de acompanhamento musical não pôde ser uma atividade desordenada: foi preciso outra vez dividir papéis (participar da orquestrinha ou dançar) e estabelecer em comum critérios de conveniência entre o ritmo das músicas, seu programa, os instrumentos e o ritmo corporal. Se tudo estivesse planejadamente pronto, não teríamos nem esse esforço transformador, nem questões a resolver em comum.

Planejar não é prever uma rotina, mas um ato de imaginação; e coordenar é saber criar as condições para uma atividade conjunta em torno dos problemas que o professor prevê e que ele sabe adequados aos objetivos que se propõe; aproveitar-se dos movimentos dinâmicos desse processo participativo em que cada um se situa com suas peculiaridades. Nesse processo, mesmo quando decide, o professor não responde mais a um problema ou necessidade que somente ele tem: decide sim, mas sobre uma questão que já se tornou uma questão para todos.

O termo mais apropriado talvez seja o de negociação. O professor, quando orienta, coordena e mesmo decide, não o faz sem considerar o ponto de vista das crianças e suas questões reais. Ele não pode estabelecer por conta própria todas as regras do jogo: é preciso partilhar as intenções. Um exemplo disso foi o da introdução do gravador na sala de aula e a discussão sobre por que e para que usá-lo.

Este ponto é fundamental. Se o professor deseja orientar as atividades em sala de aula para o exercício da linguagem, a compreensão de seus aspectos, ele não pode esquecer-se de que a linguagem não é possível fora desse espaço interacional, em que todas as condições dialogais se estabelecem pela negociação recíproca das intenções e das pressuposições. Outra vez, a interação não supõe uma anulação das diferenças individuais e sociais dos participantes, mas uma adequada distribuição e tomada de papéis na interlocução, um trabalho coletivo em que cada um se identifica com os outros e a eles se contrapõe, seja assumindo a história e a presença, seja exercendo suas opções solitárias (C. Franchi, 2011, p. 64) Nessa interação o educador continua o educador. Mas também o Jorginho continuava o Jorginho com sua voz gritada e sua agressividade decisiva. A Karina continuava a Karina tímida e de voz baixa. A Sterlléia continuava a Sterlléia dispersiva e irrequieta que me obrigava a estar sempre a procurar-lhe uma tarefa no grupo. E como perceberia essas diferenças individuais, para orientá-las e conjugá-las na atividade de grupo, se eu igualasse todos em uma atividade planejada em seus mínimos detalhes? Se os prendesse a um material delimitado e limitante, sem nenhum lugar para a improvisação? Se eu impusesse o silêncio ou uma fala parcimoniosa sem abrir a possibilidade da discussão, dos desacertos e da negociação?

2. A importância da contextualização na obtenção dos dados

Um dia, propositadamente, cheguei bem silenciosa na sala de aula. Abri minha bolsa, peguei meu talão de cheques e fiz menção de preenchê-lo.

7

> — Ih! Você também vai comprar a flauta?
> (*Naquela ocasião, havia um vendedor de flautinhas de madeira que estava sempre em frente à escola.*)
> — É, eu ia. Mas agora resolvi não comprar mais. E como você adivinhou, Ricardo? Eu não falei nada:
> (*Nesse momento iniciei a gravação. O gravador já não era percebido com surpresa pelas crianças.*)
> — Craru. Ocê pegô u talão di cheque e ia escrevê. Só pudia sê pra comprá a frauta.
> — Isso mesmo. Você adivinhou. Vamos fazer um jogo diferente, só com gestos? Cada grupo combina o que o outro vai ter que adivinhar só se expressando por meio de gestos.
> — Num pode falá?
> — Não. Nem uma palavra.

As crianças formaram cinco grupos e cada grupo representava para a adivinhação dos colegas.

8

> -— Ele tava comenu cumida i chupanu laranja.
> — Comeno banana!
> — Chupano sorveti!
> — Comendo.
> — Dançano "brake".

Os alunos perceberam logo que nem sempre a interpretação pelos gestos é completa. O grupo da Camila, por exemplo, interpretou o gesto do grupo do Juninho como simplesmente "comendo". Mas o grupo queria que falassem que estavam "comendo doce de abóbora". O problema é que não conseguiam uma representação para "comer doce de abóbora". A gente discutia como a comunicação pela mímica, pelo ritmo, pela música e por expressões corporais não é tão satisfatória quanto a que se obtém por meio das expressões verbais. Resolvemos, então, somar todos esses meios em pequenas representações teatrais.

O estímulo para a nova atividade consistia em uma sequência de gravuras

a) um índio, com uma cesta de frutos ao lado, comendo uma maçã;

b) crianças brincando com balões coloridos;

c) um menino sorrindo com sua bolsa a tiracolo;

d) uma menina com a mão no rosto como se estivesse envergonhada;

e) um preso atrás das grades.

Solicitava às crianças para colocar-se no lugar de uma dessas personagens e falar algo que poderiam estar dizendo. Mas o resultado esteve longe do que eu esperava, pelo que conhecia já da animação e disposição das crianças:

9

— O índio tá comenu.
— O índio tá alegre.
— Eles tão alegri.
—A minina pegô a bichiga.
— Ele tá sorrino.
— Ele tá contente por causa qui... qui...
— A minininha tá sorrinu.
— O homi tá presu.
— O homi tá na cadeia.

As gravuras não faziam sentido para as crianças; não somente as que envolviam o índio e o preso, mas também as que mostravam cenas infantis. Por isso as expressões obtidas foram tão pouco significativas. Não me foi possível alterar a situação nem insistindo para que fizessem de conta que eram eles mesmos as personagens. Duas pequenas exceções, em que as crianças parecem ter saído da posição de observadoras de gravuras e ter-se colocado na situação e construído a si mesmas como personagens, como o sujeito real do narrado,[5] não alteram esse quadro repetitivo:

10

> — If! Tá gostoso. Acho que vô comê mais daqui a poco (*Antônio Carlos*).
> — Vai istorá essa bichiga, eim! (*Karina*).

Não é que as crianças não sejam capazes de "fazer de conta"; bem ao contrário, o jogo do "faz de conta" antecede, e de muito, a idade escolar.[6] O problema estava em que eu, pelo recurso às gravuras e pela tentativa de forçar a substituição da personagem pelo próprio narrador, estava escolarizando (no mau sentido de "escolarizar") a situação. Podem-se comparar facilmente as frases incolores desse exercício com a espontânea riqueza da conversa de Ricardo comigo no episódio do cheque. Naquela ocasião, o Ricardo não somente interpretou o meu gesto, mas ainda contextualizou-o em uma situação de sua vida diária — o que vinha ocorrendo na escola. Em vez de frases secas e repetidas ("O índio tá alegri", "eles tão alegri" etc.) sua argumentação corre sol-

---

5. Cláudia T. G. de Lemos, em seu artigo sobre programas de intervenção na pré-escola ("Teorias da diferença e teorias do déficit...") se refere ao grau de "descentração" do sujeito que já é atingido pelas crianças em sua prática oral e mostra como essa mesma descentração é exigência para uma escrita eficiente. A pertinência de suas observações parece confirmada pelo trabalho de S. Scollon sobre como sua filha Raquel aprendera a ler e a escrever sem qualquer instrução formal. Estágio fundamental nesse processo foi, segundo ele, a capacidade de "ficcionalizar-se como sujeito", em outras palavras, de colocar-se como sujeito narrador que constrói a si mesmo como personagem, ou sujeito do narrado.

6. Uma reflexão sobre a aquisição das estruturas narrativas pela criança e o papel dos adultos (de certa forma restritivo) nessa aquisição pode ser feita com base nos textos de Maria Cecília Perroni, sua tese de doutorado (1985) e o artigo "A bela e a fera na aquisição da linguagem" (1984).

ta e desinibida: "If! você também vai comprar a frauta?", "Craru! Ocê pegô o talão di chequi e ia iscrevê. Só pudia sê pra comprá a frauta".

Era, por isso, necessário mudar as estratégias, se eu quisesse obter das crianças expressões mais ricas e variadas que me permitissem conhecer sua linguagem. Se estava certa em minha análise, o fracasso da atividade anterior ligava-se à ausência de um contexto onde a linguagem das crianças pudesse ancorar-se. Tentei, por isso, levar a "simulação" da realidade um pouco além da gravura.[7] Estava certa de que se as crianças vivessem a situação elas começariam a falar mais expansivamente.

No dia seguinte, a gravura de ilustração era a de um pipoqueiro com três crianças comprando pipocas. Mas, para que as crianças aderissem ao jogo do teatrinho, fui colocando sobre a mesa uma grande bacia de pipocas, um saleiro, molho de mostarda, copinhos de plástico para o serviço e uma caixa com notas de mil cruzados e outras tantas moedas divisionárias. Já não foi possível organizar a classe em grupos: cada um ia logo antecipando-se e assumindo o papel de pipoqueiro ou comprador. E os diálogos transcorriam agora muito mais à vontade:

11

> — Ei! Aqui tem muita genti no pipoquero. Eu só sô pipoquero agora. Ói o pipoquero aqui!
>
> — Pôi bastante!
>
> — Bastanti? Num é o seu!
>
> — Nem seu.
>
> — Pipoquero!
>
> — Qui dia bunitu, não, Gabriel. (*Percebendo que eu ainda confundia os nomes do Gabriel e do Daniel:*) O nome desse aí é Gabriel.
>
> — É. Mais ênchi de sal aí; ênchi.
>
> — Ênchi não, eim. Dá o dinhero primero.
>
> — Brigadu.
>
> (....)
>
> — Péra aí. isqueci di pagá.
>
> Etc.

---

7. Em 2.2 capítulo 4 (veja também nota 8), discuto mais demoradamente as desvantagens, na fase inicial do ensino, da utilização excessiva de gravuras para a leitura e a escrita.

Em um dos rodízios, o "novo pipoquero" era filho de um pipo-queiro do bairro:

12

> — Ei! Vô pô um poquinho de sal aqui e vô mistura. (...) Lá vai a pipoca!
> — Cadê seu pai, eim?
> — Tá lá im casa.
> — Ah! Tá fazeno pipoca lá tamein?
> — Tá.
> — I a mãi?
> — Tá im casa tameim.
> — Fazeno pipoca tameim?
> — Já cabô? (*Referindo-se a outra criança que queria mais:*) Tá otro. Di quantu?
> — Di quatro.
> (*O pipoqueiro ia pegando um copo menor, mas a criança reclamou:*)
> — Ei, ei! O copo tem de sê mais grandi. Mais grandi qui o di dois.
> — Ah! Issu mesmu.

Alguém foi fazendo um comentário lateral para mim:

13

> — Sabi. O bichinhu vem nu denti, entra nu denti, come tuda pipoca i comi o denti juntu.

Explico melhor o que se entende aqui por contextualização. Tan-to a produção como a interpretação das expressões linguísticas sempre dependem de inúmeras condições contextuais. Sem querer esgotar aqui todas essas condições, alguns exemplos servirão para esclarecer este aspecto fundamental da linguagem humana.[8]

---

8. Para um estudo das "condições de produção" no discurso indicaria textos como os de Maingueneau (1981), de Haquira Osakabe (1979a e 1979b), e o cap. 4 da tese de doutorado de M. I. Hadler-Coudry (1986).

Em primeiro lugar, a interpretação depende das relações que se estabelecem entre os interlocutores: qual a imagem que uns formam dos outros na interlocução? Logo que cheguei às rodinhas do prezinho, como eu era uma estranha no círculo, iniciou-se logo uma negociação entre mim e as crianças: "Quem é você? Você é otra tia?"... "Mas você é grande e num é tia?" Por outro lado, como já observei antes, eu mesma queria passar às crianças uma imagem favorável, não a imagem de uma professora, para tentar (um pouco ilusoriamente) "facilitar nossa interação" e criar condições para um diálogo natural. Esse jogo de imagens é fundamental também para a produção, para a seleção das formas linguísticas, para as atitudes discursivas. Basta a imagem formalista do professor tradicional para dificultar o exercício da linguagem espontânea e toda fala, nas situações de sala de aula, pode virar um jogo artificial de perguntas e respostas: as crianças falam quando questionadas.

Um outro aspecto dessa situação discursiva é o conhecimento mútuo que os interlocutores têm uns dos outros, as pressuposições de fato que compartilham, as informações que julgam ser de domínio comum. Como se poderia, por exemplo, interpretar convenientemente o diálogo (12) acima, se os interlocutores, não partilhassem a informação de que o pai do pipoqueiro, no teatrinho, era de fato um pipoqueiro na Vila? Do mesmo modo, o comentário feito em (13) faz mais sentido quando se conhecem as admoestações das professoras sobre a cárie dentária. Adquirir esse mútuo conhecimento, conhecer melhor as crianças e seu mundo, o modo como representam a realidade, seus interesses e aspirações pessoais etc. e fazer-se conhecer pelas crianças, sem disfarces nem artifícios, deve ocupar uma boa parte inicial do trabalho da professora que pretende dedicar-se a qualquer nível do ensino da linguagem. Já insisti antes[9] no papel fundamental da interação interpessoal muito rica para o próprio exercício da linguagem.

É necessário, ainda, lembrar que a linguagem se constrói e se interpreta em situações dialogais reais, isto é, quando o tema, o modo, a

---

9. Foi essa interação dialógica espontânea e intensa a base do trabalho com as crianças, relatado e discutido em meu livro *E as crianças eram difíceis... — redação na escola* (2008).

forma da conversa e a própria conversa resultam de uma conveniência vital. É certo que se pode falar e escrever como se não houvesse interlocutores e sobre temas abstratos muito distantes do cotidiano da linguagem. Pode-se até "falar" sem falar, respondendo mecanicamente a questões rituais, e a escola é o exemplo mais claro disso. Infelizmente. Mas para que a linguagem se desenvolva, sobretudo com crianças, é fundamental que ela se enraize na cotidianidade, na vida, em temas e questões que façam sentido no aqui e no agora.

Em contraposição à artificialidade das "tarefas escolares", é a tudo isso que estou chamando "contextualização". É possível reproduzir todas essas condições na sala de aula? De fato, como observei antes, o professor, por mais que o disfarce, é sempre uma personagem diferenciada no meio das crianças: é um adulto, marcado pelo estereótipo social de quem dirige; enfim, é professor. Por isso, a exigência de um grande esforço de interação do professor com as crianças, em que não se pode deixar de considerar a dimensão afetiva, para que estas possam constituí-lo no papel de interlocutor: alguém com quem se pode e com quem se quer falar. Outro lado da mesma questão está em se deixar falar: no diálogo (2) a criança não passa justamente a imagem da professora disciplinadora que exige o silêncio: "Para di falá". Se devemos entender, entretanto, a "disciplina" como o estabelecimento consensual e social das condições necessárias para a atividade em sala de aula, precisamos começar a desejar que se fale. O papel do professor não é o de um silenciador, mas o de quem coordena as situações discursivas das crianças para que cada uma vá assumindo o seu papel no trabalho socializado, contribuindo e permitindo que os colegas contribuam.

Um último ponto, ainda, neste tópico. A sala de aula, embora um espaço cotidiano das crianças, tem muito pouco a ver com a cotidianidade a que me referi acima. Seu universo e "paisagem" são sempre limitados, independentemente dos instrumentos e materiais de que se sirva o professor. No exercício espontâneo da linguagem, em sala de aula, salvo um número restrito de temas evocados pela situação, existe sempre algo de "palco" e "representação'". E o sucesso é maior quando mais proximamente os participantes — professor e alunos — são capazes de jogar nessa simulação. Talvez por isso o interesse e a importância, nas classes iniciais, da dramatização. Nela, no nível das representações, as crianças conseguem reviver, de uma forma concreta, situações de vida.

3. Dramatização e realidade

Um primeiro aspecto positivo dos processos envolvidos na dramatização é a de dar largo espaço à simbolização. Lembremo-nos de que Piaget associa a representação infantil ao exercício intenso da função simbólica ou semiótica, com um papel importantíssimo no desenvolvimento cognitivo. Não me refiro ao comportamento imitativo e simbólico que precede a linguagem e do qual ela nasce, mas ao comportamento que se estende e se reforça pela linguagem, por meio do qual a criança assimila o real, analisa e organiza suas experiências, para compreender o mundo.

Os "teatrinhos" significam para as crianças não somente uma ocasião de entretenimento e diversão, mas uma experiência emocional compartilhada. Ao contrário do teatro adulto, em que há atores e público diferenciados, no teatrinho infantil as crianças são tanto atores como auditório. Fazendo o jogo de autor-ator, ao transformar-se em um "outro", à medida que as crianças se fundem nas personagens, elas mais claramente se identificam e se constituem como sujeitos sociais (C. Franchi, 2011, p. 59). Nesses jogos, assumindo os mais diferentes papéis, intensifica-se a descentração em relação a si mesmas e a abstração e conceituação em relação ao mundo, que as fazem crescer em direção à expressão e à comunicação. Nesse processo de transformação, partindo dos limites entre o real e o imaginário, a criança atuante extrai conscientemente, mergulhada no processo criativo, a compreensão essencial e necessária para trabalhar sua condição de ser social e de ser "falante".

Por isso é que as crianças, em várias ocasiões, mesmo não estando entre os elementos do grupinho de dramatização, deixavam sua condição de assistentes para participar da "ação". Foi assim quando duas crianças representavam na frente da classe uma vendedora e uma compradora em uma loja de tecidos. A compradora procurava preocupada algo em sua bolsa:

14

— Ih! o dinhero num tá mais aqui drentu! Quem robô? Quem robô?
(*As crianças da assistência logo se manifestaram:*)
— Eu num robei!
— Nem eu!
— Eu é qui num fui.
— Nem eu! credo.
— (*E a dona da loja:*) Agora você num compra mais.
— Compru, di graça.
— Di graça não. Cum chequi.
— Eu possu pagá cum chequi?
— Podi.
(*E neste ponto o Juninho interferiu, assumindo o papel de um narrador que descreve as ações:*)
— Intão a dona da loja ia cortá o tecidu.
— Quantu?
— Dois metru prá fazê vistidu. I tó u chequi, i brigadu.

Além desses aspectos intrínsecos ao papel das "representações", há outros aspectos extrínsecos interessantes na dramatização. Um deles está no fato de que, nesse jogo, mesmo as crianças mais tímidas acabam por manifestar-se. Trago um exemplo disso. Havia sempre um grupo de alunos mais silenciosos: os que se constituíam mais como plateia e ouvintes dos desembaraçados. Diante de uma gravura — dois carros chocando-se, com os motoristas brigando e um guarda carrancudo lavrando a multa — eles não pareciam suficientemente estimulados. Fiz na lousa o desenho de uma rua e coloquei dois deles com um carrinho de plástico nas mãos para reproduzirem a condução dos veículos e o acidente. As crianças libertaram-se da gravura (e da timidez) e passaram a representar a situação. Era como se tudo estivesse acontecendo naquele instante:

PEDAGOGIA DO ALFABETIZAR LETRANDO

15

— ...Brrrrr... BUMUM!!!
— Num olha ondi anda?
— O volanti qui tava ruim.
— Ah! nada. Cê ultrapassô a faxa.
— Que isso?! O volanti que a ficina num arrumô bem.
— (*O guarda:*) É, ele ultrapassô aqui e num podia, i agora... multa di deiz mil.
— Ih! Tô duru.
— Vai na delegacia. Vai preso.
(*Dirigem-se à "delegacia".*)
— Oi seu delegado, eli sofreu acidente. (*Querendo dizer "ele provocou um acidente.*)
— Ele tá presu.

Foi ainda no processo de pequenas dramatizações que as crianças foram aprendendo a estruturar suas expressões (havendo mesmo críticas e sugestões) bem como a organizar seu discurso em unidades textuais em que logo emergiu o relato. Já observei, no episódio (14), a interferência do Juninho no papel de narrador com o intuito de completar as informações que as condições elementares de representação não permitiam recriar. Um outro episódio representativo disso: as crianças reproduziam no teatrinho uma gravura em que um caboclo capinava ao lado de sua casa, observado pela mulher à porta da mesma; ao alto havia uma igreja com fiéis entrando.

16

— Oi muié. Eu vô prantá arguma coisa aqui qui tá muitu maciu.
— Tá bão, podi prantá pru mor di nóis cumê dispois. Mais vão na igreja. Vem janta primeru i vem tomá café.
— Tô prantanu cenora, muié.
— Vem logu pra num perdê a igreja!
(*A Míriam, numa explosão de riso, comentou que a igreja não ia nunca sair do lugar. Mas o teatrinho continuou:*)
— Tá bão.
(*E outra criança da classe completou a historinha:*)
— Pegaro um barco, atravesaro u riu, felizes dero risada e a mulhé foi fazê café.

Isso ocorreu também quando dois meninos reproduziam a coleta de lixo:

17

> — Brrrrrrrr... (*Imitando o caminhão de lixo.*) Lixero! Lixeru! Brrrrr...
> Ih! Isquici de trazê u lixo.
> (*E a Míriam resolveu relatar um fato de sua vida, interrompendo a representação:*)
> — Minha tia, às veiz ela, o lixeru passa e ela nem pois u lixu lá fora. Depois ela dexa lá até manhecê. O cachorro vem lá e coisa tudo u "sanitu". Derruba tudo lá.
> (*O Jorginho, com ar de malandrinho:*) — I aí a tia grita: Sai daíííííí cachorru!

Aproveitando-me dessas intenções narrativas que se manifestavam de várias formas, resolvi construir coletivamente uma historinha. O Jorge quis começar:

18

> — Todus us dias Fabinho andava di cavalu. Ele armuçava, depuis ia andá.
> (*Juninho:*) Discansava um poco, né?
> (*As crianças, por minha sugestão, uniram as duas ideias:*)
> — Todus us dias Fabinho armuçava, discansava um poco i aí ia andá di cavalu.
> (*Gustavo:*) — A mãi dele, a Maria, tinha medu que ele caissi.
> (*Karina:*) — Cuidadu! Cuidadu! que você vai caí já já.
> (*Jonatham:*) — Eu num caio. Eu num caio não porque eu sei andá no cavalu.
> (*Jorginho:*) — Ficava até di noite fora, até seti hora. Voltava, ficava cansadu: A mãi dele já tava durmino. O pai tava acordadu assitino televisão.
> (*Cristiano:*) — Tava acordadu purque num pudia perdê o trabaio. Trabaiava di noiti. I o mininu ia durmi.
> (*O Ricardo interrompeu meio irritado e disse que haviam esquecido de uma parte da história:*)
> — O minino não rezou prá durmi.

É preciso destacar a importância do trabalho conjunto, seja nos episódios de dramatização, seja na composição coletiva, para o desenvolvimento da criatividade verbal nas crianças. Não se trata de uma noção de criatividade que se baseie no comportamento "divergente" ou em uma "originalidade" pessoal,[10] mas convergente, que consiste na habilidade de tratar e discutir conjuntamente as experiências, organizando-as e estruturando-as no discurso ou no texto. Criatividade que depende do diálogo, da crítica, das objeções e ajustes recíprocos na interação social.

O papel do professor nessa atividade coletiva é diferente do das crianças. Ele não participa das falas nem da composição dos relatos, mas medeia as relações entre os alunos para criar as condições da situação dialógica. Sugere e anima para interromper os momentos de silêncio e indecisão; encoraja as crianças a improvisarem suas falas, evitando o máximo possível os estereótipos comuns na situação; estabelece o ritmo da atividade pela alegria de sua participação; insiste e questiona para recompor o fio perdido das historinhas; manifesta sobretudo sua compreensão da essencialidade do teatrinho, isto é, uma representação de vida, feita de gente para gente.

Por outro lado, o professor é quem cria as condições materiais para a caracterização do ambiente e das personagens na representação, embora as crianças não necessitem sempre disso para seu jogo de "faz de conta". Não é necessário cenário e guarda-roupa. Eu e as crianças, por exemplo, reuníamos em uma mala ("a mala das fantasias") todo tipo de tarecos: chapéu, bolsa, paletó, avental branco, vestido, gravata, sapato de salto alto, maleta, boneca e outras bugigangas, que na representação podiam transformar-se num outro plano de simbolização. O chapéu virava nenê, o lápis virava termômetro, um estojo virava gravador, como o pompom do gorro da Camila tinha virado o gatinho de estimação do Jorginho.

O momento melhor do professor é justamente quando ele começa a sentir que pode ficar à margem. Quando ele passa a ser um espectador privilegiado. Continuando professor, consegue evitar que sua

---

10. Cf. Franchi, C. (2006, p. 39), onde se apoia minha reflexão sobre a noção de criatividade. Nesse trabalho Franchi chama a atenção para que não se confunda "criatividade" somente com uma manifestação subjetiva e pessoal de comportamentos desviantes, originais, surpreendentes. Há uma criatividade "sujeita a regras", num sentido antropológico, criatividade que nasce do diálogo e do conflito, da troca de opiniões, da interação.

presença e seu papel institucional interfiram na espontaneidade e naturalidade da relação entre as crianças nas atividades de linguagem: a de ir ampliando sempre mais o leque das opções. Somente nesse sentido é que se pode dizer que o professor se torna um outro entre as crianças. Foi assim, por exemplo, que as crianças começaram a dipensar-se de sugestões prévias e gravuras, tomando a pouco e pouco as iniciativas. O Gustavo trouxe um dia um boné de guarda e um apito:

19

> — Hoje eu vô sê um guarda de trânsito. Prrrrr... Prrrrr... Quem que passa, quem que passa? Venham atravessá.
> — Seu guarda, põi um vermelhu pra eu passar?
> — Podi passá.
> — Muito brigado. (*O Ricardo concluiu:*)
> — E a Camila atravessô a rua muito sigura porque o guarda ajudô ela.

Em outro dia, o Juninho saiu da "rodinha", foi para a mesa da professora dizendo estar ali no balcão de sua loja. Tinha trazido um embrulho:

20

> — Sou o vendedor dessa loja. Quem quê compra um presenti? Adivinhi o que qui é.
> — Eu quero comprá um joguinhu.
> — Não é joguinho qui tem aqui drentu.
> — Uma buneca?
> — Não.
> — Um carrinhu?
> — Não.
> — Uma caxa cheia di brinquedu?
> — Não, não, não. Quem quê compra um miquinhu?
> — Eu!
> — Tó. É cincu mil.
> — Qui caru! Num possu, mais eu gostei muitu do miquinhu.

Penso que o relato das atividades neste item e no item anterior são suficientes para exemplificar as atitudes, estratégias e procedimentos adotados durante o curto período de acompanhamento das crianças no pré. Os objetivos foram atingidos: estabelecer entre mim e as crianças a base de um conhecimento recíproco prévio e criar as condições de uma fala espontânea para que pudesse conhecer também sua linguagem. Durante as férias, pude analisar mais cuidadosamente as peculiaridades dessa linguagem.

4. Aspectos relevantes, para o aprendizado da escrita, da modalidade oral das crianças

Como observa Miriam Lemle (1987, p. 5), o professor alfabetizador é, de todos, o que enfrenta os maiores problemas linguísticos, e todos de uma vez. Tem, por isso, que aliar seu trabalho de professor a uma vocação de pesquisador da linguagem. Não se trata de uma pesquisa científica, no sentido acadêmico do termo. O professor se encontra diante de um compromisso diário de trabalho com um grupo de crianças que não constituem normalmente um grupo de "sujeitos" sob controle, e não dispõe do tempo necessário para análises linguísticas mais cuidadosas. De fato, como muitos já têm observado, pode-se esperar, sobretudo em São Paulo, "uma grande heterogeneidade linguística", caracterizada por uma variedade de "dialetos em uso" (Cagliari, 1982, p. 7-8), consequência da diversidade de classes sociais, capacidade econômica, origem regional etc. de nossos alunos. Além disso, a atividade contínua do professor não pode aguardar, para uma melhor fixação de objetivos e seleção das estratégias pedagógicas, que uma pesquisa local, no sentido mais estrito desse termo, chegue a seu fim. Nem por isso pode o professor eximir-se de recorrer às fontes de que disponha para compreender, o mais possível, os fenômenos de linguagem que ocorrem diante dele e as propriedades linguísticas envolvidas.

Estou bastante consciente de que, com o grupo diversificado de vinte e cinco alunos a que me dediquei, com o *corpus* obtido da fala espontânea desses alunos (em um simples gravador portátil), com um tempo mínimo de exame e com o uso de uma bibliografia básica,[11] o estudo da modalidade oral dos meus alfabetizandos não pode oferecer nenhuma surpresa. Mas meu propósito não era a solução de problemas de análise e teoria linguística como não é o do professor alfabetizador na sua prática diária. Era somente o de apurar minha sensibilidade em relação à fala peculiar das crianças. O de desenvolver uma percepção prática acurada dos pontos focais de variação, o suficiente para enfrentar com lucidez as questões da alfabetização. O de familiarizar-me com a linguagem das crianças: com o aspecto linguístico de uma realidade humana e circunstancial sobre a qual deveria atuar durante todo o ano na alfabetização.

Com essas observações e reservas iniciais que estabelecem os limites e propósitos de minha análise, passo ao estudo dos aspectos linguísticos da modalidade oral das crianças.

4.1

Começarei pelos aspectos relativos às alterações de pronúncia dos sons da fala. Faço isso mediante uma mera enumeração, com as observações que julguei relevantes em cada caso.[12]

I. De um modo generalizado entre as crianças, as vogais [e] e [o], quase não ocorrem em posição final não acentuada. Sofrem um processo de redução (levantamento) que torna indistintos na fala [e]/[i] ou [o]/[u]. Somente em aproximadamente 5% das ocorrências (15 sobre 300) percebe-se mais um [o] ou um [e] finais (quadro, lixo, lixe-

---

11. Indico alguns livros: Abaurre, M. B. e outros (2002), Kato (1985, 1986), Tasca e Poersch (1986), Lemle (1987), além de artigos de Abaurre, Cagliari e Geraldi todos arrolados na bibliografia.

12. Adotarei, neste texto, as seguintes convenções de notação. As barras inclinadas "/.../" delimitam a transcrição de uma representação fonêmica. Os colchetes "[...]" delimitam a transcrição de uma representação fonética, isto é, a pronúncia ou uma cadeia de sons da fala. Represento as grafias e letras, delimitando-as por "'...'". Farei isto, porém, somente para as cadeias fonêmicas, fonéticas ou gráficas diretamente relevantes para a passagem. Lembre-se, porém, o que observei na nota 2, p. 27.

PEDAGOGIA DO ALFABETIZAR LETRANDO

ro, gritado, cruzado, gosto, livre, gente, contente, bastante, presente, ele...). São exemplos dessa mudança:

21

alegri	essi	sabi	denti	verdadi	longi	seti
sorveti	chequi	vontadi	contenti	genti	tristi	podi
comi	bastanti	ênchi	grandi	pegui	tomati	ondi

22

trabalhu	novu	chachorru	bruçu	cavalu	fotu	carru
gritadu	gostosu	olhu	presu	queru	logu	quantu
issu	mesmu	metru	tijolu	vistidu	castigu	lixu

A mesma variação ocorre no caso de monossílabos átonos. Assim, a conjunção 'e', as subordinativas 'que' (ao contrário do interrogativo 'que') ou 'se', as preposições 'de' e 'em', bem como pronomes clíticos como 'te' e 'se', pronunciam-se invariavelmente [i], [qui], [di], [im], [ti], [si] (23,a). É o caso, também, das palavras átonas e clíticas em que ocorre na escrita um 'o': artigos e contrações de preposições com os artigos, preposições e conjunções, como se pode ver em 23,b.

23

a. — Ele tava comenu cumida i chupanu laranja.
   — Dá uma pipoca aí i dá o sal aí.
   — Que qui eli tem?
   — Agora tem qui guardá.
   — Que qui cê tá achanu ruim si o Inepesse paga?
   — Pára di falá... I eu fico com dor di cabeça.
   — Tá im casa tamein.
   — Tá bom. Ti dô mais.
   — Seu guarda, eu si perdi... Ele tinha si perdidu.
b. — Veio us dono falaro assim...
   — I tó u chequi i brigadu.
   — Sabi, o bichinhu vem nu denti, entra nu denti...
   — Eu gostu di brincá cu joguinho.
   — É. I eu queru pipoca cum sal.
   — Tava acordado purque num pudia perdê o trabaio.

Nos casos que estudamos acima, dois aspectos facilitam a tarefa do alfabetizador. Em primeiro lugar, o fato de que tal pronúncia se estende à maioria dos falantes do português brasileiro, independentemente de classe social e mesmo de fatores regionais (com a exceção conhecida de certas regiões do Sul do país). Não se trata de formas estigmatizadas. Em segundo lugar, o fato de que um número mínimo de palavras do português e, assim mesmo, de muito baixa frequência no vocabulário da criança, é pronunciado e grafado com 'u' e 'i' em posição final: o alfabetizador pode, por isso, tratar estes casos singularmente, quando ocorrem, e generalizar a grafia 'e' e 'o' em posição final, correspondente às pronúncias [i] ou [e], e [u] ou [o].

Mais problemáticos são, para o alfabetizador, os casos em que as grafias 'e' e 'o' correspondem às pronúncias [i] e [u] em posição não final da palavra. Por exemplo, quando [e] e [u], pretônicos (tomando-se como parâmetro a pronúncia pressuposta na forma gráfica), passam a [i], (24,a), e [u], (24,b), quando seguidos de uma sílaba tônica em [i]:

24

a. minino	minina	minília	vistido	priguiça	isquici
bixiga	pidiu	pidia	quiria	bunito	
b. pudia	durmi	durmia	cumi	cumida	

assimilação que se mantém nos derivados (mintiroso, bunequinha, minininha, priguiçoso, cumidona).[13] Também, quando o [o] pretônico se pronuncia [u] em ambientes em que vem precedido de uma bilabial sonora (/b/ ou /m/):

25

buneca	muntei	armuçava

---

13. Anotei somente um caso de dissimilação: [piqueno] por [pequeno]. Poder-se-ia também considerar a forma mais frequente [isqueci] como uma resistência à aplicação da regra de redução referida no texto, para evitar a sequência de [i] em [isquici], observada somente duas vezes.

PEDAGOGIA DO ALFABETIZAR LETRANDO

Observe-se, enfim, que o [e] pretônico também alterna com um [i], quando precedido e seguido da sibilante alta/s/, (26,a), ou em ambientes nasais, (26,b), com algumas exceções que anotamos (como [escola], [estadual], por sinal relacionadas com uma situação formal escolar, e [então]):

26

a. iscrevê	istorá	isprorô	isqueci	discupa	disrumá
sigura	vistidu	sinhora	istudá	discansava	
b. imbora	imbaxo	intão	? sinhora	? mintiroso	

Embora generalizados entre as crianças, esses casos devem ser considerados mais complexos em uma hierarquia de dificuldades. Não se trata de uma regra de posição simples, como no caso dos exemplos (21) e (22). E há sempre os riscos de uma extensão a palavras em que se pronuncia [i] e se grafa 'i' (comparem: [menino], 'menino', [divino], 'divino'). De fato, logo depois que trabalhamos esse tipo de palavras, o Cristiano se embaraçava: "Comu escrevi? É pequinique ou piquinique". E eu mesma me surpreendi em dúvidas se arrolava ou não entre elas a palavra 'bexiga'. Afinal, era 'bexiga' ou 'bixiga'?

II. Embora a língua escrita persista em ignorar, há uma sistemática redução dos ditongos [ei] e [ai] e do ditongo [ou] na modalidade oral do português do Brasil. Como observa M. Lemle (1978, p. 68-70), essa monotongação já avançou tanto no Rio de Janeiro (e também em São Paulo) que já deixou de ser percebida como marca linguística de uma fala em modalidade não padrão. Em outros termos, a redução dos ditongos nos contextos a serem estudados já não constitui uma variante estigmatizada socialmente.

A monotongação de [ou] em [o] não parece estar restrita a contextos determinados. Aparece em situações em que [ou] se encontra seja em posição não acentuada, (27,a), seja em posição tônica, (27,b), independentemente do ambiente fonético em que se encontre:

27

a. istorá	poquinho	robô	robei		
b. otro	outra	notra	poco	loco	troxe

Essa monotongação tem um papel muito importante na alfabetização, pois se estende às formas da terceira pessoa do pretérito perfeito de verbos da primeira conjugação (e às formas da primeira pessoa do presente do indicativo de "estar/tar", "se", "dar" e "ir"):

28

pegô	ultrapassô	pagô	arrumô	robô	isprorô	sô	vô
falô	atravessô	tirô	limpô	pulô	fritô	tô	dô

Um dos casos dessa redução merece uma observação à parte. Trata-se da monotongação em "trouxe". Além da forma reduzida "troxe", anota se também a forma "truxe", que parece terem sido especializadas respectivamente para a terceira e a primeira pessoas:

29

— Ele tinha si perdidu.
— Tinha? I ocê troxe ele?
— Truxe.

A monotongação de [ai], (30,a) e de [ei], (30,b) ocorre em contexto em que o ditongo precede uma consoante chiante como em:

30

a. faxa	caxa	imbaxu		
b. dexo	dexa	lixeru	pexe	beju

A monotongação de [ei] se estende, ainda, a contextos em que vem seguido de [r], como nos exemplos:

31

pipoquero	lixero/u	dinhero/u	predrero	paderu

Anotei uma única exceção: uma pronúncia mais formal [dinheiro]. Observe-se de passagem que nessas palavras se encontra a maioria dos casos em que não se procedeu à redução do [o] (final) em [u].

Um outro caso de monotongação ocorre na terceira pessoa do plural de formas verbais terminadas no ditongo [ãu], grafado 'am'. No caso do pretérito perfeito, como em 'falaram', a redução do ditongo é generalizada, incidindo sobre a vogal posterior e acompanhada de desnasalização (32,a); no caso das outras formas verbais consideradas, a redução do ditongo é menos observável e não vem acompanhada de desnasalização (32,b):

32

a. — Veio us donu falaro...
— Eles pegaro...
— Eles atravessaro...
— Eles dero...
b. — Si vocêis num pará di conversá vocêis ficum di castigo.

De um modo geral, a forma do pretérito perfeito (32,a) pronuncia-se mais perceptivelmente com um [o] final. Houve somente uma exceção a essa monotongação em "João e Maria foram... ", em que as crianças estavam já em uma atividade mais formal, tentando construir comigo um pequeno relato, no papel do "narrador" e utilizando uma linguagem mais elaborada.

Resta-me a observação de dois casos de expansão de monotongos em ditongos. O primeiro caso é o da ditongação que ocorre nas palavras oxítonas terminadas por uma fricativa alveolar ou palato-alveolar, conforme o dialeto, que é bastante generalizada no Centro-Sul do país. Assim, minhas crianças pronunciam as palavras grafadas entre parênteses sempre como:

33

(mas)	mais	(fez)	feiz	(faz)	faiz		(vez)	veiz
(pôs)	pois	(dez)	deiz	(vocês)	vocêis/oceis	(nós)	nóis

O segundo caso, também generalizado, é a pronúncia como ditongo [ei] final tônico (grafado 'em') em palavras como:

34

heim	heim	tambeim/tamein	ningueim

Para a alfabetização, esse caso se inclui entre os outros problemas causados pela grafia excepcional de outros ditongos nasais finais [ãu] e [ãi], que se grafam como 'o' e com 'e', como em 'fogão' e 'mãe' e o caso das formas verbais de terceira pessoa do plural, discutidas antes, que se grafam com 'am'.

III. Alguns fenômenos parecem relacionar-se menos com o contexto fonético e mais com aspectos prosódicos do ritmo geral da fala. É o caso de palavras funcionais, átonas — artigos, preposições, conjunções, que estão sujeitas a pronúncias singulares, na medida em que tendem a tornar-se clíticas, formando com outras palavras um só vocábulo fonético. Refiro-me, por exemplo, à monotongação que contrapõe a forma negativa átona [num] à forma tônica e autônoma [não], (35); às reduções de [para] em (36); às contrações e aglutinações dos exemplos de (37):

PEDAGOGIA DO ALFABETIZAR LETRANDO

35

a. — Eu num caio. Eu num caio não porque eu sei andá no cavalu.
b. — Num acho não.
c. — Ela num abriu. Ela só feiz di conta.
— Não?
d. — Cê num vai pará di falá?
— Eu? Não.

36

a. — Ele mi dá dinheru pra comprá pipoca...
b. — Ajuda eu pa num mordê u cavalu.
c. — Pá num amacetá u anjinho da guarda.

37

a. — João e Maria foram comprá pão pro café...
b. — Ela caçô rato pos ratinho qui nasceu comê.
c. — (Eu tô gostanu...) di brincá cos meus amigo.
d. — Saí ca minha mãi i co meu pai.
e. — Ele tem um negócio cum nomi difíciu.

Outras palavras, de uso funcional muito frequente, também sofrem algumas reduções excepcionais. Por exemplo, "você", como nos exemplos:

38

a. — Si vocêis num pára di conversá, vocêis ficum di castigu.
b. — Eu sei qui ocê tá gostanu di sabe nossus nomi.
c. — Que qui ce tá achanu ruím?

Do mesmo modo, pelo seu caráter de palavra funcional, se poderiam tratar as reduções do verbo "estar" (observáveis nos exemplos acima, como "tô", "tá", bem como "tive", "tava" etc.), considerando-se o seu papel frequentíssimo de auxiliar na formação de formas verbais perifrásticas ("tava áchanu", "tô venu" etc.). As reduções de "estar" se estendem, entretanto, a outras posições:

39

— Ele tava ali vendenu tomati...
— Nunca mais cê fica longi di seu pai.
— Tá.

IV. No que diz respeito às consoantes e grupos consonantais, considerarei inicialmente fenômenos que envolvem formas verbais. Começo pela apócope generalizada do [r] no dialeto chamado "caipira", que predomina na modalidade oral da região. Trata-se de um fato extremamente relevante pela multiplicidade das formas infinitivas verbais que ocorrem na fala e nas quais a supressão do [r] é mais consistente:

40

namorá	brincá	passéa	jogá	andá	viajá	nadá	ficá
iscrevê	sabê	comê	querê	trazê	manhecê	mordê	fazê
saí	durmi	caí	pô	(qué)			

No caso das formas infinitivas, somente cinco sobre cem ocorrências (desenhar, comprar, passar, sair, ler), e justamente em situações de relato, não apresentaram a supressão do [r].

Uma outra forma verbal, a da primeira pessoa do plural, condiciona também uma apócope bastante generalizada: a do [s] da terminação pessoal [mos], acompanhado da redução do [o] final em [u]. A concordância verbal, no caso dessa forma, normalmente se cumpriu e as ocorrências foram:

41

somu	vamu	ficamu	chegamu	fizemu

PEDAGOGIA DO ALFABETIZAR LETRANDO

Como um terceiro caso relativo ainda às formas verbais, resta falar do gerúndio. Trata-se da redução a [n] do grupo consonantal [nd], que não parece ocorrer em elementos lexicais de outras categorias ("mandu", "quandu"), mas observou-se sistematicamente, com uma única exceção ("comendo"), em todas as demais trinta ocorrências de gerúndio. São exemplos:

42

pensano	chupanu	chorano	gostanu	achanu	levano
comenu	fazeno	vendenu	sorrinu	durmino	assistinu

V. Enfim, consideremos quatro últimos casos de mudanças consonantais. Trata-se das diferenças entre modalidade oral e modalidade padrão-escrita que envolvem [lh], [l] e [r].

Dada a precariedade da gravação de que me servi, não me foi possível estabelecer com certeza a pronúncia de 'lh' (em palavras como "mulher", "trabalha"): como uma consoante simples, palatal, o que me pareceu ser o caso mais geral, ou como um grupo [li], perceptível em falas mais lentas ("trabália"). Uma observação é a de que somente um aluno (salvo no caso do diálogo trazido no exemplo (16) do item 3 do cap. 1) efetuava a vocalização dessa palatal:

43

óia	trabaia	trabaiava

No caso do [l], houve substituição por [u], som produzido na mesma área da cavidade bucal, nas duas ocorrências em que se pôde observar o fenômeno: [difíciu] e [animauzinho]. Uma outra ocorrência que pode explicar-se no mesmo quadro foi a de [discupa] por [desculpa]; de fato, a supressão do [l] deve explicar-se pela assimilação e crase. Podem-se, ainda, aproximar do caso anterior ocorrências como [armuçava] e [devorvi]: a pronúncia do [l] é articulada como alveolar pelas crianças (em palavras como "lado"), aproximando-se do ponto de articulação do [r] retroflexo característico da região.

A mesma substituição de [l] por [r] se observa nos grupos consonantais dos exemplos:

44

craru ("claro")	frauta ("flauta")	isprorô ("explorou")

Anote-se, finalmente, a deslocação (metátese) do [r] em sílabas complexas (45,a) e no exemplo isolado de 45,b:

45

a. dentro	predreru
b. merolhá	(melhorar)

4.2

A descrição de alguns aspectos morfossintáticos e sintáticos da modalidade oral das crianças a serem alfabetizadas tem um papel menos diretamente relacionado com a aquisição da representação gráfica. Vou entretanto registrá-los aqui, porque um melhor conhecimento da modalidade oral, mesmo com as limitações e reservas que fiz inicialmente, serão sempre de grande ajuda para a compreensão dos problemas observados nos primeiros textos escritos. Por outro lado, orientam o professor para uma atitude valorativa da linguagem da criança em seu trabalho escolar.

I. Já observamos no item anterior (4.1) que vários aspectos diferenciados da modalidade oral estão vinculados a determinadas formas morfológicas: a variação observada parece sensível ao caráter funcional, gramatical, dos itens em que ocorre. Lembremos em síntese alguns deles:

PEDAGOGIA DO ALFABETIZAR LETRANDO

— no caso da redução do ditongo de "trouxe", as formas resultantes [truxe] e [troxe] se contrapõem para a expressão da primeira e da terceira pessoas do pretérito perfeito;

— as formas de terceira pessoa do pretérito perfeito sofrem um processo de redução do ditongo e desnasalização características: [fizero], [falaro];

— de modo semelhante, as formas de primeira pessoa do plural, nos casos em que se faz a concordância, apresentam uma terminação característica, com apócope do [s] final: [fomu], [saímu];

— a redução do grupo consonantal [nd] em [n] se mostra sensível à categoria verbal do gerúndio: [falanu]), [comenu] (mas, ao contrário, [mandu], [quandu]);

— processos específicos operam sobre as palavras átonas de categorias dêiticas (artigos, pronomes) ou conectivas (conjunções, preposições), mesmo que se considere, no caso, o papel importante da composição de unidades acentuadas e rítmicas da frase ([cos], [cuma], [pra], [pa], [ocê], [cê],...).

Vale acrescentar, aqui, outra forma de redução que também se mostra sensível a propriedades morfossintáticas e à acentuação frásica e, pois, não justificável em termos exclusivos de ambientes fonéticos. Trata-se da redução de algumas formas do imperativo, sobretudo as que ocorrem mais frequentemente e podem mesmo ter às vezes mera função fática ([tó], [pêra], [ói]). De um modo geral, essas formas são enfaticamente acentuadas, reduzindo-se às vezes praticamente a sua sílaba tônica. São exemplos:

46

a. — Eu queru di quatro (saquinho de pipoca).   — Tó! b. — Tó! comi logu. c. — Péra aí, qui eu isquici di pagã. d. — Ói mulhé. f. — Ói o pipoquero.

II. Várias observações podem ser feitas sobre o emprego das formas pronominais. Começo por lembrar o fato de que, no português falado no Brasil, os pronomes átonos clíticos estão sendo substituídos por outras formas de expressão da função anafórica ou dêitica que possuem. Esse desuso, porém, não atinge todas as formas pronominais clíticas do mesmo modo. Continua, por exemplo, resistente, o clítico (objeto direto ou indireto) de segunda pessoa — "te/ti", apesar da generalização do uso de "você" (gramaticalmente, de terceira pessoa) para referir o interlocutor, bem como há ocorrências de "me/mi" e "se/si":

47

> a. — Ta bom, ti dô mais.
> b. — Eu ja ti falei, hein?
> c. — Mi ajuda a protegê nu trabalhu.
> d. — Ele tinha si perdidu.

Essas formas alternam com pronomes tônicos e são somente formas tônicas que substituem os pronomes clíticos de terceira pessoa, acusativos (cf. também o exemplo [52]):

48

> a. — Ajuda eu pa num mordê u cavalu.
> b. — Você num vai consigui nunca sabê nóis.
> c. — I ocê troxe ele?
> d. — ...Tirô o pexe du saquinhu, limpô e fritô ele pra comê.
> e. — Eu gostu é di cavalu. Eu puxo ele.

Tarallo (1985, p. 41-3) observa que uma outra forma de substituição do pronome clítico na posição de objeto direto vem desenvolvendo-se de modo mais acelerado: em vez de "eu o puxo", em extinção na fala do Brasil e mesmo de "eu puxo ele", a língua falada vem favorecendo a implementação do que ele chama "anáfora zero", isto é, a mera supressão do objeto direto: "eu puxo". A identificação do objeto ficaria a cargo da situação imediata ou do contexto ou turnos anteriores do diálogo. Não pude confirmar essa hipótese nos poucos dados de que me servi, embora encontrasse exemplos:

49

a. — Ele pegô i pois a vara na carroça.
b. — Dipois eli foi catá minhoca, ele pois a minhoca no anzol, tacô assim e pegô pexe.
c. — E onde você acha que devo escrever o nome?
— Escreve aqui.

Deve-se considerar, porém, que Tarallo relaciona a preferência para a estratégia da "anáfora zero" ao fato de as formas com pronomes tônicos ("sabe nóis", "tirô ele", "ajuda eu"...) carregarem um estigma sociolinguístico bem mais acentuado: consciente desse estigma, o falante tenderia a preferir a estratégia mais aceita da "anáfora zero". Se a hipótese de Tarallo está correta, a escolha aparentemente indiferente de uma ou outra estratégia indica justamente que, em relação a esse aspecto da sintaxe do português, as crianças não manifestam sensibilidade para a relativa valorização ou desvalorização das estratégias concorrentes.

No caso entretanto da posição de sujeito, deve-se observar que as crianças dificilmente deixam de preenchê-la com o pronome "ele". Como já tem sido apontado em alguns estudos, a posição de sujeito tende cada vez mais a ser preenchida (evitando-se os "sujeitos ocultos"), particularmente na terceira pessoa. Assim, é natural encontrar na fala das crianças trechos como:

50

a. — Minha tia, às veiz ela, o lixeru passa e ela nem pois u lixo lá fora. Depois ela deixa lá até manhecê.
b. — Daí ela viu a janela aberta i pulô. Ela caiu lá imbaxo e ficô livre. Ela caçô ratu pos gatinho...

Uma última anotação sobre as construções reflexivas. Como se sabe, o paradigma dos pronomes reflexivos do português ("me", "te", "se", "nos", "vos") se está reduzindo ao emprego da forma "se/si", independentemente da pessoa gramatical envolvida. Assim falam as crianças:

51

> — Seu guarda, eu si perdi.
> — Cadê seu pai?
> — Num sei.
> — Quandu ce tinha si perdidu onde seu pai tava?
> — Ele tava ali, tava vendenu tomati, né. I dipois eu si perdi.
> — Nunca mais cé fica longi di seu pai.
> — Tá.
> — Eu achu seu pai.
> — Paaaaaaai!
> — O quê? Ondi cê foi?
> (*O menino no papel de guarda voltou-se para o "pai."*)
> Ele tinha si perdidu.
> — Tinha? I ocê troxe ele?
> — Truxe.
> — Brigadu.

Em alguns casos, porém, nota-se que mesmo essa forma reflexiva começa a ser substituída por formas pronominais tônicas, com um valor de "eu mesmo", "ele mesmo" ("ele viu ele mesmo no espelho"):

52

> — Eu não sou capaz de desenhar eu como eu pareço.
> — Vamos fazer tudo num cartaz só. Você compra e amanhã a gente faz cada um ele na cartolina e põe o nome.
> (*Entenda-se "cada um a si mesmo".*)

III. Na fala coloquial do português do Brasil, mantém-se inalterada a concordância nominal em gênero. Mas não é o caso da concordância em número. Observem-se os exemplos:

53

> a. — Um dia meu pai foi jogá bola e aí feiz dois gol...
> b. — (Eu to gostanu) di brincá cos meus amigu.
> c. — Ocê tá gostanu di sabê nossus nomi.
> d. — Dois metru prá fazê vistidu.
> e. — Veiu us donu falaro assim...
> f. — Ela caçô ratu pos gatinho qui nasceu comê.

Os dados são, evidentemente, insuficientes para discutir as várias hipóteses possíveis sobre os fatores que determinam a distribuição das ocorrências de formas no plural. Assim, observo somente que as posições iniciais na sequência de elementos do sintagma nominal (artigos, numerais, pronomes determinativos no caso dos exemplos) são as que favorecem o aparecimento do plural, ficando o núcleo nominal invariável.

O mesmo se pode dizer quanto à concordância verbal, isto é, os exemplos anotados são insuficientes para qualquer coisa mais do que indicar tendências. O que pude observar é que as minhas crianças realizaram a concordância verbal, de um modo generalíssimo, com o sujeito de primeira pessoa (singular e plural) e com o sujeito de terceira pessoa do plural no caso em que as formas são bastante "salientes", ou seja, bem distintas das formas singulares:

54

> a. — Nós somu matraquinhas.
> b. — Nós ficamu assustadus.
> c. — Num vamu.
> d. — Nóis saimu tudo alegri...
> e. — A genti pegamu um filhotinhu...

55

a. — Eles dero...
b. — Eles pegaro...
c. — Veio us donu falaro...
d. — João e Maria foram...
e. — Elis tão alegri.
f. — Vocêis ficum di castigu.

A não concordância ocorreu mais visivelmente nos casos em que o sujeito veio posposto (60, a-b) e na terceira pessoa do plural, pouco distinta da forma singular (cantam/canta):

56

a. — Veio us donu...
b. — É quinhentus...
c. — Si vocêis num pára.
d. — Eles gosta...

IV. Sem maiores comentários, coloco alguns exemplos em que as crianças apresentam diferenças no emprego de pares de verbos relacionados. De um modo geral, trata-se do uso de formas não causativas por causativas ou de causativas por não causativas:[14]

57

a. — Oi seu delegado. Ele sofreu acidente (*querendo dizer que ele tinha provocado um acidente*).
b. — Vô tomá uma big injeção nele (= *vou dar uma big injeção*).
c. — Ele tava ali, tava vendenu tomati (*em um contexto em que sabe que o pai estava comprando tomate*).
d. — Você num vai consegui nunca sabê nóis (= *conhecer-nos*).

---

14. Attié-Figueira (1982, 1985) ocupou-se longamente desse fato durante o processo de aquisição da linguagem. Ela observa frequentes construções como "sai o esmalte do dedo", por "tira o esmalte do dedo" e, inversamente, "tirou o esmalte" por "o esmalte saiu". Mas essas construções se encontram, com menor frequência, na linguagem coloquial do adulto.

O conjunto dessas observações são insuficientes para caracterizar a sintaxe da fala coloquial das crianças e, certamente, não contribuem para qualquer avanço nessa área. Mas valeu a pena anotá-las para o meu propósito de mostrar, ainda que superficialmente, como o professor deve buscar conhecer essa realidade linguística variável. Serviram-me muito no curso da alfabetização e na orientação da produção de textos: permitiram-me antecipar problemas e questões e tê-los ordenados para graduar as atividades de aprendizado da escrita na norma urbana de prestígio.

5. Sobre o que falam as crianças

Eram crianças do pré (hoje 1° ano do ciclo I). Falavam de suas brincadeiras, reinações, de aspectos da família e da vizinhança, dos acontecimentos do bairro. Falavam por falar do que ia ocorrendo na aula, porque conversar era o modo mais fácil de estabelecer entre si e comigo relações mais comprometidas. Embora imersas em sua vidinha, deixavam entrever preocupações, conceitos que faziam de si e da sociedade envolvente. Não vou estender-me nesses tópicos: bastam duas indicações como sugestões de futuras pesquisas.

5.1

Já tem sido observado em outros estudos[15] que as crianças denotam grande sensibilidade para a variação linguística. Não somente percebem os fenômenos da variação na fala dos outros como indicam ter consciência, em alguns casos, do valor ou estigma social que lhes é atribuído. Voltemos um pouco ao diálogo (16) que reproduzo abaixo, para um comentário neste particular. Como observei anteriormente, durante todo o período de coleta e análise das falas das crianças, elas, com exceção do

---

15. Eu mesma observei isto em alunos da 3ª série do 1° grau. Referi-me ao fato no meu livro indicado na nota 9, p. 47. Nele vejam-se particularmente o capítulo 2 (p. 55 e ss.) e o comentário às redações das crianças às p. 123-4.

Cristiano, não faziam a substituição de [lh] por [i] como em "paia", por "palha" ou "trabaia" por "trabalha". Entretanto, procurando caracterizar a fala do caboclo, as crianças fizeram essa substituição no diálogo referido. Além disso, utilizaram-se, com a mesma intenção estilística, de expressões cuja ocorrência já não foi possível constatar em nenhuma outra passagem que gravei: "arguma", "pru mor di", "dispois".

58

> — Oi muié. Eu vô prantá arguma coisa aqui qui tá muitu maciu.
> — Tá bão, podi prantá pru mor di nóis cumê dispois...
> — Tô prantanu cenora, muié.
> — Vem logu pra num perdê a igreja.
> — Tá bão.
> — Pegaro um barco, atravessaro u riu, felizes dero rizada e a mulhé foi fazê café.

Embora como mero indício, observe-se que, no comentário, quando já não se tratava da fala do caboclo, a forma utilizada foi "mulhé" e não "muié". Outra indicação sobre esse cuidado na reprodução da fala do caboclo está no fato de que em toda essa passagem os atores marcaram muito mais pronunciadamente o caráter retroflexo dos [r] que, aliás, é uma característica da fala de toda a região.

Em outros diálogos aparece muitas vezes a interferência dos assistentes para "corrigir" a fala dos atores. Dou somente um exemplo:

59

> — Cristiana, Cristiana!.
> — Qui é, mãi?
> — Ah! você derrumou tudo a casa, né? (*Risadas gerais: — Derrumou a casa?!*)... Agora tem qui guardá.
> — Ah! mãi. Num queru guardá. Tô cun priguiça.
> — Prá disrumá você num tava cum priguiça, né? Agora vai guardá tudo.

A "mãe", mesmo continuando o diálogo como se não tivesse percebido os comentários da classe a respeito da forma empregada —

"derrumou" —, na primeira oportunidade ajustou-a à forma mais utilizada (como pude constatar mais tarde) pelas crianças — "disrumar".

A atenção das crianças era voltada para as formas mais estigmatizadas socialmente ou divergentes em relação a sua modalidade oral, sem que sequer se dessem conta dos muitos outros traços, em sua própria fala, igualmente marcados. Mas o fato de se aperceberem tão claramente dos fatos da variação já basta para indicar o caminho ao professor no tratamento desse tema: o de explorar a sensibilidade das crianças para a variação e colocá-la em discussão na classe. Desde o princípio aproveitei essas oportunidades para mostrar às crianças que existem muitas maneiras de falar e que todas elas têm o seu papel nas situações de comunicação. O ponto mais importante é que nunca interferi para "corrigir" a fala das crianças ou propor substituições de expressões por outras. Elas deviam poder manifestar-se livremente na modalidade com que se identificavam e com que identificavam sua família e sua comunidade. Essa explicitação das diferenças facilitou muito, mais tarde, o trabalho da relação entre sua fala e a "norma culta" que, como já expliquei, venho substituindo pelo termo técnico recente — *norma urbana de prestígio*.

5.2

Ainda um segundo e último tópico de certo modo relacionado ao anterior. Podia-se notar que as crianças, embora com idades variáveis entre seis e sete anos, demonstravam também sensibilidade para as diferenças sociais e os problemas que enfrentavam na situação socioeconômica mais desfavorecida, a que pertencia a maioria delas.

Retomem o exemplo (14). Nele, o teatrinho começou com uma compradora procurando algo em sua bolsa e gritando: "Ih! o dinheiro num tá mais aqui drentu! Quem robô? Quem robô?" Ora, no fundo, o pobre se sente sob acusação constante: uma das manifestações do poder de classe está em indigitar logo o pobre como um suspeito permanente. E as crianças, um pouco por serem crianças (outro suspeito permanente nas relações com os adultos) e muito por serem na maioria pobres, se sentiram logo na obrigação de excusar-se, mesmo que não participassem do grupo de representação.

— Eu num robei!

— Eu é qui num fui!

— Nem eu, credo!

Mas um outro episódio mostra melhor a perspicácia das crianças para as situações de injustiça de sua condição social. Foi quando os alunos, aproveitando-se do fato relatado pela Sterlléia de que seu ir-mãozinho havia adoecido e a mãe o levara ao médico, resolveram dramatizar a situação. A classe vibrou quando o Gabriel, o médico, vestido em um paletó de meu marido e com uma gravata do pescoço aos pés, óculos no nariz e uma maleta nas mãos, chegou para examinar o bebê (uma boneca) da Flavinha:

60

> — Que qui ele tem?
> — Tá cum febri muito alta.
> — Vô pegá o termórmetro qui tá na mala. (— *Nossa! a mala é mais grandi qui o nenê!*)
> — Quantu qui ele tem?
> — Tem dois e meio. (*Risadas.*)
> — I então?
> — Vô tomá uma big injeção nele.
> — No bumbum?
> — É.
> — Nhé... Nhé... Nhéeee... (*O Jorginho foi quem, sem ser solicitado, imitou o choro do bebê.*)
> — Quando qui ele vai merolhá?
> — Dois meses, ele tem um negócio cum nomi difíciu.
> — Quantu qui é?
> — Cinco mil.
> — Qui caru! Ainda bem qui o Inepesse paga! Eu num tenho dinheru.
> — Pega otro médico intão otra veiz.
> (*A Míriam interceptando o diálogo:*)
> — Pega mesmu. Essi isprorô.
> (*E o Jorginho, de seu lado:*)
> — Que qui cé tá achanu ruim si o Inepesse paga?

Uma primeira observação a respeito desse diálogo é a consciência do uso que fazem os médicos (e muitos outros, como os intermediários burocráticos entre os serviços e a população) de uma linguagem técnica e "difícil" com a qual acentuam a assimetria da relação com seus pacientes mais pobres: "tem um negócio cum nomi difíciu". Por parte dos que dominam as linguagens técnicas ou os segredos dos despachos, não há nenhum cuidado em reduzir essa distância que lhes interessa e lhes serve. E essa é uma das formas mais fortes de discriminação pela linguagem.[16] Mas o diálogo diz mais. Deixa bem clara a imagem de uma classe médica que se paga da doença e da dependência dos doentes: "Pega otro médico intão otra veiz"; "Pega mesmu. Essi isprorô". O pior é que as crianças já demonstram a estranha ética social que vai grassando nessas relações e se manifesta sobretudo nos escândalos de instituições como as previdenciárias: o INPS (hoje SUS) paga e por isso "que qui cê tá achanu ruim si o Inepesse paga?".

Estabelecendo condições dialógicas de manifestação espontânea, o professor pode fazer aparecer a cotidianidade das crianças nas relações entre si e com seus familiares, mas também possibilita a discussão e a expressão das contradições sociais em que vivem: a imagem da mãe autoritária, da professora-tia disciplinadora, do caboclo e do médico; são elementos indispensáveis para a proposição de temas que desmascarem a ideologia em que tais imagens se constroem.

---

16. Transcrevo aqui passagem da *Proposta para o ensino de língua portuguesa*, elaborado pela equipe de língua portuguesa da Coordenadoria de Normas Pedagógicas (São Paulo, 1986, p. 15): "Toda atividade administrativa, burocrática, jurídica, não somente adota uma linguagem padrão mas ainda uma linguagem formalística e técnica que favorece a instituição dos 'mediadores' ou despachantes entre as pessoas simples do povo e a administração. Tem que haver outros (advogados, políticos, representantes etc.) que falem por elas: os que dominam a linguagem artificial ('o latim') em que suas questões e problemas são equacionados e administrados". Essa é uma entre as várias formas de discriminação pela linguagem a que se refere o texto.

Capítulo 2
Avaliação e preparo das crianças para o aprendizado da escrita

A maioria das crianças cuja linguagem estudei no período final do pré (hoje 1º ano do Ciclo I), como descrevi no capítulo anterior, eu as reencontrei na 1ª série (hoje 2º Ano do Ciclo I). Dentre as atividades de linguagem que desenvolvemos juntos durante o ano letivo, uma grande parcela se incluía entre as estratégias para a alfabetização, entendida aqui no sentido mais estrito de aquisição e domínio dos processos de representação gráfica. Vou deixar para o próximo capítulo essas atividades instrumentadoras e de correlação entre a oralidade e a escrita. Neste, ficarei ainda no plano vestibular do aprendizado da escrita. Examinarei a concepção que as crianças faziam da escrita e descreverei as estratégias de interação cooperativa utilizadas para aproximar os diferentes níveis em que se encontravam, tendo em vista um trabalho mais ou menos uniforme do processo. Algumas palavras introdutórias são necessárias.

Reconhecendo o débito que todos temos com Emília Ferreiro, vale a pena lembrar algumas das conclusões de sua cuidadosa pesquisa sobre a "pré-história" da alfabetização (o estudo do que já "sabem" as crianças sobre a escrita, as hipóteses que constroem sobre ela) e a evolução da escrita no processo de escolarização. Mesmo sem "ler" e sem "escrever", o exercício exploratório sobre a escrita, nas garatujas e grafismos primitivos, não é somente um "puro jogo" de faz de conta de que estão ausentes quaisquer hipóteses inteligentes sobre a escrita. Um estudo extremamente cuidadoso desses antecedentes mostrou, ao contrário, um certo tipo de "saber", uma concepção determinada da escrita, diferente da concepção de um escrevente adulto, mas nem por isso irrelevante para o processo de alfabetização.[1]

O ponto fundamental dessa descoberta está em que, em um processo pedagógico no qual, apesar da variedade dos métodos, sempre se considerou como passiva a perspectiva do sujeito da aprendizagem e como nula a sua contribuição, foi possível descobrir "uma linha evolutiva que procede por conflitos cognitivos semelhantes, até nos detalhes do processo, aos conflitos cognitivos constitutivos de outras noções fundamentais" (Ferreiro e Teberosky, 1979, p. 363). É possível, por exemplo, comparar esses ensaios sobre a escrita às atividades epilinguísticas na construção dos objetos linguísticos a que Cláudia Lemos et al.[2] têm dado grande importância no processo de aquisição da linguagem. A criança, em um caso e no outro, formula hipóteses e predições sobre a natureza da linguagem ou sobre a natureza da escrita, que constituem o mecanismo fundamental de sua compreensão dos processos e relações em jogo no sistema de representação que está adquirindo.

---

1. Refiro-me especificamente a Emilia Ferreiro (1985, p. 9): "Estas escritas infantis têm sido consideradas displicentemente como garatujas, 'puro jogo' (...) Aprender a lê-las — isto é, a interpretá-las — é um longo aprendizado que requer uma atitude teórica definida. Se pensarmos que a criança aprende só quando é submetida a um ensino sistemático, e que a sua ignorância está garantida até que receba tal tipo de ensino, nada poderemos enxergar". Mas se pensarmos que as crianças não "devem pedir permissão para começar a aprender, talvez comecemos a aceitar que podem saber", mesmo sem autorização institucional para tanto. Saber algo "não quer dizer, necessariamente, saber algo socialmente aceito como 'conhecimento'. 'Saber' quer dizer ter construído alguma concepção que explica certo conjunto de fenômenos. Que esse 'saber' coincida com o 'saber' socialmente válido é um outro problema (embora seja esse, precisamente, o problema do 'saber' escolarmente reconhecido)".

2. Pesquisas sobre aquisição da linguagem e desenvolvimento cognitivo, feitas por C. T. G. de Lemos, E. Albano et al. (no IEL-Unicamp), têm mostrado como a aquisição da linguagem é um processo de construção, na interação social, em que o sujeito tem um papel ativo, não meramente receptivo. Cf. De Lemos (1978, 1981), Camaione et al. (1985).

Desse ponto de vista, o professor que se dedica a um alfabetizar letrando não pode deixar de perguntar-se a respeito dessas conceituações preliminares da escrita, construída pelas crianças. O que pensam a respeito da escrita? Para que ela irá servir-lhes? Quem escreve na sociedade em que vivemos e com que finalidade? Que papel tem a escrita como instrumento social e ideológico? Passaram elas já do desenho para uma noção de grafia? Ou seja, perceberam já o caráter simbólico e arbitrário da escrita e distinguiram a representação gráfica das representações icônicas e figurativas etc.?

Para obter algumas respostas a essas questões, que pudessem pelo menos fundamentar minhas hipóteses de trabalho, procedi a uma avaliação prévia mediante entrevistas e exame de material. Descrevo essa avaliação e seus resultados no primeiro item deste capítulo.

No item seguinte, descreverei as consequências pedagógicas que extrairei desta avaliação. Tratarei sobretudo de equacionar, ao nível da prática, um problema real que se apresenta a todo professor. Farei um trabalho de aproximação das crianças com níveis diferentes, pois a avaliação fez aparecerem índices efetivos de uma heterogeneidade nos estágios de conceituização. Mas, não podemos tomar essa avaliação como base para mais uma discriminação entre as crianças. E muito menos como novos testes de prontidão. Em outros termos, não há que distinguir as crianças, com base nesses resultados, em diferentes grupos, cada qual mais ou menos preparado para tipos diferentes de exercício. A classe ali se mostra, como ela está sendo e se vai fazendo, com sua realidade mutável, incluída nela essa heterogeneidade. E cabe ao professor descobrir o modo de lidar com essa situação.

1. Concepção que as crianças fazem da escrita

Os alunos do 1º ano trazem à escola diferentes motivações para o aprendizado da leitura e escrita. Seria importante conhecê-las, parte pelas razões que nos oferece Emília Ferreiro, parte pelo caráter interacional e intersubjetivo do processo pedagógico em que conviveríamos, os alunos e eu. Para conhecer-nos melhor devíamos compartilhar seus pré-conceitos e preconceitos.

Entretanto, fazendo um parêntese, quero observar que, embora tenha também me utilizado de processos semelhantes aos de Emilia Ferreiro para avaliação dos níveis de pré-alfabetização das crianças, não farei aqui uma descrição de tais procedimentos. O professor da rede pública, sem formação específica e com tempo limitado, poderá bem se utilizar de procedimentos mais simples, aqui adotados, para ter um conhecimento suficiente da conceitualização que fazem seus alunos sobre a escrita. O importante é a percepção, por parte do alfabetizador, de que, normalmente, nas escolas públicas, as crianças do 1° ano se encontram em níveis diferenciados de conceitualização e estes devem ser considerados antes de se iniciar o processo.

Ocupei-me, por isso, em várias entrevistas descontraídas, reunindo-me cada vez com três alunos. Evitando as entrevistas individuais, conseguia facilitar o estabelecimento de relações mais adequadas, servindo-me dos mais desembaraçados para estimular os mais inibidos e tímidos. Todas as crianças davam uma resposta padrão quando lhes perguntava por que se mostravam tão contentes de estar na 1ª série: "porque agora vô aprendê escrevê", "purque agora vô aprendê lê".

E para que aprender a ler e a escrever?

61

> a. — Prá dipois ficá grandi.
> b. — Minha mãi fala qui é bom pra mim um dia sê genti na vida.

62

> a. — Prá mim num sê burro.
> b. — Prá ficá cum boa cabeça.

63

a. — Prá mim ganhá dinhero quandu eu fô grandi.

b. — Prá mim aprendê as coisa pro homi do bar num inganá nóis.

64

a. — Prá lê istorinha.

b. — Purque eu quero lê as coisa nas revistinha.

c. — Pra mim lê tudas coisa nos cartaiz.

As respostas semelhantes às de (64) não foram as mais numerosas. E são as únicas que se referem a um objetivo imediato para a leitura, relacionando-as a atividades da vida das crianças. Mesmo assim, é importante observar que sua relação com a escrita ainda é marcadamente passiva: elas acreditam que não têm nada a dizer e, consequentemente, nada a escrever; seu papel em relação à escrita é a de meros "receptores", leitores e, da leitura, devem tirar informações, recomendações ou lazer que lhes preparam os adultos. A criança, frente à escrita, já "foi colocada em seu lugar": a de tábula rasa sobre a qual se deve imprimir um conhecimento privilegiado socialmente, possível somente quando a criança é submetida a um ensino sistemático e institucional.

Mais nitidamente aparecem marcadas, já na pré-escola (hoje 1º ano do Ciclo I), com essa avaliação de si próprias e da instrução formal, os alunos que se manifestam como em (62): a manter-se no estado em que estão, jamais poderão "ter uma boa cabeça" e ficarão para sempre "burros". Sua ignorância já está estabelecida socialmente, como ponto de partida para o trabalho instrucional da escola. Não se tem refletido ainda suficientemente sobre o papel negativo para o desenvolvimento da criança dessa autodesvalorização, nem sobre o enorme equívoco de confundir "conhecimento" com "conhecimento socialmente aceito".[3]

---

3. No meu livro *E as crianças eram difíceis...* (2008, p. 148), lembro como é fator negativo para o desenvolvimento da criança essa precoce desvalorização de si própria, sobretudo quando é acentuada na escola. Meus alunos de uma 3ª série classificavam-se uns aos outros como "burrinhos" ou tão "burrinhos" quanto os outros, para justificar o seu fracasso escolar. E uma de suas

Como observam Bettelheim e Zelan (1984, p. 28-9), esse preconceito inculcado ideologicamente nas crianças tem sérias consequências não somente para o processo de ensino/aprendizagem, mas para o comportamento futuro, psicológico, das crianças. Desde logo elas se colocam "na situação defensiva bem conhecida dos fracos quando lidam com os fortes, e as crianças são os fracos em relação a seus professores" (que encarnam a imagem de todos os adultos). As crianças "se sentem especialmente fracas, inexperientes e inseguras perante seus próprios julgamentos quando ainda não podem ler adequadamente".

Outras respostas colocam as razões para "aprendê lê i escrevê" baseadas em um certo valor social da escrita. Indiscutivelmente, a escrita tem sido sempre um instrumento de poder que contrapõe letrados a não letrados. É natural que já se perceba nas crianças o reflexo desse "valor" da escrita, como nas propostas de (63): aprende-se a ler para não ser mais inocente e indefeso diante dos outros (que se representam na imagem do "dono do bar") ou para servir-se da escrita na luta por uma ascensão social futura (para "ganhá dinhero" quando crescer). Ou, de outro modo, colocam-se os objetivos da alfabetização em um tempo muito distante: os adultos motivam as crianças a aprender a ler e a escrever para sair de sua atual condição de crianças e para que venham a ser um dia "gente grandi"!

Esse valor prático e futuro da leitura e da escrita (sobretudo na leitura, pelo papel passivo que se atribui às crianças) acaba negligenciando os valores e funções mais imediatos e atuais para a vida e o desenvolvimento delas, enquanto crianças. E os objetivos mais momentâneos são os que mostram alguma eficácia para levá-las a se integrarem no processo de escolarização. Lembro-me de uma outra passagem de Bettelheim e Zelan. Insistem eles na importância de orientar os esforços educacionais, desde o início da aprendizagem, para o desenvolvimento do desejo de se tornar um leitor — essencial-

---

grandes descobertas (deles mesmos e de seus pais) foi justamente a de que não eram tão burrinhos assim. A mãe de uma das crianças me dizia no fim do curso: "Otro dia ainda minha filha me dissi: num sabia qui eu num era burra. A dona feiz vê qui eu possu aprendê". Outra mãe expressava o mesmo alívio: "Essi jeitu da sinhora ponhá grandeza nas fala das criança levô elas longe. As história que minha filha já sabi escrevê, isso mostra pra genti qui ela tem boa cabeça".

mente uma atitude interna para a leitura. Chamam, porém, a atenção para a ineficácia de objetivos postos no horizonte da idade adulta. "Aprender a ler agora a fim de ser capaz de desfrutar da literatura" (ou ser gente grande, ou obter sucesso na vida etc.) "em um momento muito mais tarde — que para a criança da primeira série muitas vezes significa alguns três ou mais anos mais tarde" (ou muito mais) "os quais, nessa tenra idade, são vividos como uma eternidade — é uma experiência estéril no momento presente (...). Ficar motivado com recompensas adiadas, requer um compromisso com o princípio da realidade em preferência ao princípio do prazer".

De fato, um compromisso de realidade desse tipo exige o sucesso de inúmeras experiências de aprendizagem ao longo do processo escolar. Na idade em que estão, a realidade está ainda se constituindo como representação, através dos processos lúdicos (e, portanto, simbólicos) em que as crianças se envolvem. Por que jogá-las no jogo adulto em vez de viver o prazer de brincar com elas o seu próprio jogo? Valorizar esses aspectos, valorizar seu modo de conhecer e de experimentar a vida, dar-lhes crédito e importância pelo que são agora — crianças —, operando no interior de suas regras e conceitos, não é uma receita, mas é certamente um melhor começo: mobilizar sua inteligência e imaginação para um trabalho imediato e imediatamente vinculado a seu mundo de experiências.

2. Aproximando as crianças de diferentes níveis: o papel da interação cooperativa

Mesmo com níveis diferentes, no momento todas as crianças estavam querendo, muito motivadas para aprender a ler e a escrever, embora por razões que iam das sugestões dos adultos a um interesse mais prático e orientado para suas vidas. Se não podia iniciar o trabalho somente com as mais motivadas, porque poderia frustrar as que não tinham alcançado o desenvolvimento conceitual necessário, também não podia dedicar a estas maior atenção, com o risco de desinteressar as primeiras.

Teria, pois, que programar atividades preparatórias que, pela sua variedade, pudessem interessar a todas, mesmo que não representassem, para as mais avançadas, um conteúdo ou uma habilidade "nova". Formulei, para mim mesma, algumas hipóteses de trabalho:

— Havia outros objetivos educacionais a propor-lhes, distintos do objetivo mais imediato de obter uma relativa homogeneização da turma para o início do trabalho. Por exemplo, estabelecer com as crianças e estimulá-las a construir juntas um relacionamento cooperativo, através de um trabalho conjunto e participado (que já tinha caracterizado o ambiente anterior do pré).

— A avaliação do rendimento escolar daquelas crianças não poderia ser baseado exclusivamente em função do progresso, em passos sucessivos, na aprendizagem da leitura e escrita. Assim, os mais adiantados podiam esperar um pouco. Em tempo, atividades mais diretamente ligadas ao processo de alfabetização seriam propostas e seus resultados avaliados, quando estivesse segura de que todos os alunos pudessem participar efetivamente delas.

— Como condição de manutenção do interesse de todas, adiantadas ou não, as atividades preparatórias tinham que possuir algumas características: corresponder a uma multiplicidade e variedade de estratégias diferenciadas, apresentar uma certa "novidade", se não no que diz respeito aos objetivos de conteúdo, pelo menos na forma de sua organização.

Uma primeira opção teria o apoio nas pesquisas e na reflexão teórica de Nelly-Clermont (1978, p. 47-9), a respeito de situações em que se trabalha com turmas heterogêneas de alunos: a de um trabalho socializado e em grupo. Ela nos mostra como em "certas fases do desenvolvimento da criança, a ação comum de vários indivíduos, exigindo a resolução de um conflito entre as suas diferentes centrações, vem a resultar na construção de novas coordenações no indivíduo". Observa que, "quando de uma interação entre dois indivíduos" que se encontram a elaborar "certas formas de coordenar suas atividades, tanto o indivíduo que se encontra já relativamente mais avançado como aquele que o está menos, podem progredir". Consequentemente, podia acreditar que não somente as crianças já em nível mais avançado iriam beneficiar-se de uma coordenação interindividual mas também as do nível inferior, pois o trabalho em conjunto suscitaria em umas e em outras estruturações que seriam mais consistentes e persuasivas do que o trabalho individual.

A ideia era, pois, muito simples: ampliar, o quanto possível, o intercâmbio entre os próprios alunos, fazê-los interagir, trocar reciprocamente suas informações e noções, auxiliar-se mutuamente. Descartando uma igualdade de atitudes e nível de aproveitamento (que não se deve esperar), o importante era aproximá-los no sentido social dessa aproximação e no sentido de uma partilha de seus referenciais sobre a escrita, (atividades de letramento). De fato, foi na comparação de pontos de vista que se criou a oportunidade para a percepção das diferentes perspectivas sob as quais eventos e objetos podiam ser vistos e interpretados. Foi na ação recíproca que os alunos puderam juntos construir ou reconstruir e reforçar os esquemas conceituais básicos para a apropriação da leitura e da escrita.

Uma outra estratégia utilizada foi a de propor atividades que permitissem às crianças operar sobre modos de representação e sobre sua própria fala para levá-las a formular hipóteses sobre a escrita. Como ponto de partida para a alfabetização em seu sentido estrito, elas deveriam:

a) construir a diferença entre o caráter icônico de certas sinalizações e o caráter simbólico, arbitrário, dos sinais gráficos;

b) perceber o papel distintivo de traços diacríticos na organização desses sinais;

c) compreender que, embora arbitrários, esses sinais não são imotivados: há uma correspondência entre eles e a organização silábica das palavras e frases (em um primeiro passo) e há uma correspondência entre a construção alfabética dessas sílabas e aspectos fonéticos da fala. Correspondência, aqui, não significa, obviamente, uma relação biunívoca.

Devo fazer duas observações importantes. A primeira delas tem a ver com a observação de que o avanço das crianças pelos vários níveis não depende necessariamente de estratégias pedagógicas. As crianças passam de um nível de conceitualização ao seguinte, sem saltos, tanto no trabalho escolar, como fora dele. De fato, fora da escola, recebem uma informação extremamente variada sobre a escrita, veem letras e textos por todos os cantos, paredes e vídeos, mesmo que de modo desorganizado e às vezes contraditórios. Mas, como observa Emilia Ferreiro,[4] isso não quer dizer que o professor deva limitar-se a ser um mero espectador de um processo espontâneo. O professor pode criar condições para uma experiência organizada e dirigida que facilite às crianças a observação dos aspectos relevantes da escrita, a formulação de hipóteses mais adequadas a essa observação e apresse a formação dos conceitos necessários.

Uma segunda observação tem a ver com a relação entre a escrita e a fala, particularmente com os aspectos fonético-fonológicos da fala. Tem sido posta muita ênfase, e com evidente razão, no fato de que a escrita comum não é um sistema de representação fonética. Será muito fácil observar que se usa a mesma letra para representar segmentos sonoros distintos e letras distintas para um mesmo segmento, e nem mesmo se dispõe, às vezes, de uma letra que caracterize apropriadamente sons particulares. Um estudo fonético deveria passar, pois, pela elaboração de símbolos especiais ou, como já se sugeriu, por uma primeira escrita em símbolos de um sistema gráfico fonético internacional. Mas há outro lado da mesma história: o fato de que o alfabeto comum corresponde aproximadamente aos segmentos da fala e o próprio princípio alfabético consiste justamente em representar segmentos sonoros por letras. Optei, por isso, decididamente, por deixar que as crianças fossem descobrindo intuitivamente essa correspondência e elas mesmas descobrissem também, mais tarde, as irregularidades e lacunas do sistema. Isso se verá melhor no parágrafo destinado à descrição da instrumentação dos alunos.

Não posso relatar aqui passo a passo a multiplicidade das atividades que desenvolvemos, as crianças e eu, nesse período preparatório. Limito-me, por isso, a reproduzir os exemplos mais significativos. Devo,

---

4. Veja-se Emilia Ferreiro (1982, p. 12), sobre a autonomia desses processos em relação à escola. Mas leve-se, também, em conta Emilia Ferreiro, 1985, p. 17.

PEDAGOGIA DO ALFABETIZAR LETRANDO

porém, advertir, para evitar mal-entendidos, que as atividades exemplificadas não se realizavam isoladas ou seriadas. Em cada ocasião, elas se combinavam com outras múltiplas atividades, sobretudo de linguagem oral, muitas vezes respondendo a improvisos decorrentes da própria situação dinâmica da sala de aula, já num trabalho concomitante que anunciava a pré-história dos processos de alfabetização e letramento.

2.1

Para criar as condições de um diálogo aberto entre as crianças que favoreça a dinâmica social do grupo, o professor não precisa preocupar-se em demasia com os "conteúdos". Incidentes que poderiam parecer incômodos e perturbadores para a "disciplina" da classe são, na verdade, um interessante filão. Foi o caso do Jorge e seu cachorrinho, que teimava em acompanhá-lo para dentro da sala de aula. Já que se discutia em classe a questão das partes do corpo, as crianças logo tomaram o cachorro como "objeto de experiência":

65

> — Óia meu! Qui cabeça dura que eli tem!
> — É. A minha tamein é dura i ele abri e fecha o (s) zolio comu nóis.
> — Óia a boca dele.
> — Num é boca. É fucinho, seu burro!
> — Boca é issu, igual à minha, cum língua.
> — A língua deli é cumprida.
> — A minha tamein. Alcança o quexo. Quê vê?
> — I a minha vai até o nariz.
> — ...

De um modo geral, porém, eu orientava as discussões e o diálogo sobre algumas questões que me pareciam relevantes, como a orientação no espaço e no tempo, envolvendo as noções de "em cima", "embaixo", "antes", "depois", "à direita", "à esquerda". Formavam-se pequenos grupos ou grupos maiores de alunos, lembrando as "brincadeiras de círculo" do pré. Usavam-se diferentes meios, como coleções de objetos, gravuras, manifestações espontâneas. Desde logo, estimu-lei-os a comporem coletivamente, na forma de exposição, textos mais complexos que resumissem suas conversas e discussões. Um exemplo é o que resultou de uma atividade sobre quatro gravuras que os alunos deveriam ordenar segundo um critério temporal. Cada grupo formu-lava um pequeno período sobre sua gravura e, em comum, decidiam como deveriam ordená-los. O Nilso, ajudado pelo seu grupo, começou:

— O sol bateu na janela do quarto de Joãozinho. E o Daniel, do mesmo grupo, colocou-se no papel de Joãozinho e completou:

— Oba! Que bom. Vô pode i brincá.

Sucessivamente, grupo por grupo, compuseram sua historinha:

66

> O sol bateu na janela do quarto de Joãozinho.
> — Oba! Que bom! Vô podê i brincá!
> Lavô u rostu, iscovô us denti i pois uma ropa (*Gabriel*). Foi tomá seu café cum leiti, pão i margarina (*Reinaldo*).
> Dipois, eli foi brincá di bola cu seu amiguinho i seu cachorrinhu (*Flávia e Míriam*).

Mas esse texto simplesinho tinha levado a maiores discussões antes de chegar a sua forma. Eu provocava os alunos:

67

> — O Joãozinho demorou mais para tomar café do que para se aprontar?
> — Achu qui prá tomá café.
> — Eu não. Eu demoru mais pra mi aprontá do que prá tomá café qui eu ingulo num minuto.
> — Cê num comi pão?
> — Eu não.
> — Cê num toma leiti?
> — Não, ôôô! Só café i as veiz chá qui eu num gostu.
> — Eu não. Eu demoru purque minha mãi quê qui eu coma pão cum mar-garina.

PEDAGOGIA DO ALFABETIZAR LETRANDO

Desse modo, havia um balanço constante entre as sugestões frias das gravuras e aspectos da cotidianidade dos alunos, entre a fala discutida e já, de um certo modo, planejada em comum e a fala espontânea que deixava escapar pelo texto pedaços de suas vidas, de suas diferenças, de seus pequenos problemas. E quando eu percebia um maior entusiasmo dos alunos pela sua composição, discutia com eles, desde esse primeiro período, a conveniência de selecionar a historinha entre as que iriam compor, futuramente, o primeiro Livro de leitura.[5]

Foi o caso de (66). Assim, era preciso escolher-lhe um título e reproduzi-la para guardar sua memória. Isso propiciava uma continuidade na discussão. A Flavinha sugeria: "A brincadeira de Joãozinho"; Míriam: "Joãozinho e seu cachorrinho"; Camila: "Joãozinho e seu amiguinho". Colhi a opinião dos alunos e o da Camila foi que obteve maior número de opiniões favoráveis. Mas restava o problema de gravar a história. Os alunos queriam repeti-la, mas eu desligara o gravador. Como haveriam de lembrar-se mais tarde de como tinham falado?

Disse-lhes que iria substituir a gravação pela escrita. Fui colocando na lousa o que cada grupo ditava ("foi assim!", "num foi assim!") até chegar à forma final do texto. As crianças se interessaram muito pela escrita que se integrava, nesse instante, a objetivos bem pessoais e imediatos: era algo com que lidavam "aqui e agora" e não um aprendizado para "ficar grande um dia"! Os alunos não estavam preparados para ler, mas "liam" comigo à medida que me faziam ler e se esforçavam para controlar a fidelidade com que eu reproduzia o que tinham falado. E não deixava de ser uma leitura, pois associavam ao texto escrito a significação que eles mesmos haviam construído previamente, selecionando juntos a melhor forma, corrigindo a que não julgavam corresponder a suas intenções.

Lembro-me de uma passagem de Abaurre et al. (1985, p. 6-7) que serve a este ponto: "Se a escola propiciasse a emergência do texto escrito desde o início do processo de aquisição da escrita, se soubesse

---

5. Explicitarei no item 2 do cap. 4 a maneira como foi composto o *Primeiro livro*. O texto "Joãozinho e seu amiguinho" foi reelaborado posteriormente pelos alunos, inclusive no que diz respeito à escolha da norma padrão e da modalidade coloquial.

ser 'escriba' e 'leitora' para os alunos no estágio inicial desse processo, quando as crianças, embora não conheçam e não dominem ainda os instrumentos de escrita e leitura, podem já manifestar suas próprias 'intenções de escrita' e 'intenções de leitura', aí sim estaria permitindo que os aprendizes de escrita e de leitura se apropriassem de fato ao ato de escrever e de ler". Em outros termos, por esse procedimento compartilhado com o professor, as crianças se vão inserindo no mundo da escrita, ou melhor, está-se inserindo a escrita no mundo das crianças, favorecendo, pela operação direta sobre o texto e pela vontade possessiva de guardá-lo (gravá-los), uma melhor compreensão do papel da escrita. É como se favorecêssemos às crianças um primeiro momento de uma ligação estética e afetiva com o seu próprio texto. E não importa que esse texto apresente características especiais de originalidade e beleza, como o avaliam os adultos: qualquer texto, na sua simplicidade, é um ato singular de criação!

Vale a pena um segundo exemplo, para mostrar como variam as condições que o professor pode explorar para atividades similares. O Antônio Carlos resolveu um dia relatar sua experiência com os patinhos no rio que passava no quintal de sua casa. Era o dia de contar-se uma "história verdadeira". As crianças ouviram entre crédulas e desconfiadas as aventuras de um "superpato" e acharam que era uma boa peça para o seu livro de leitura. Uma a uma, conforme lembravam partes da narrativa e na ordem de suas próprias iniciativas, foram as crianças ditando-me o texto para a cópia na lousa e depois em meu diário:

68

Uma pata tinha três filhotinhos (*Flávia*). Um dia, a pata foi pra água com seus patinhos (*Daniel*). Os patinhos estavam com fome e afundaram na água (*Priscila*).

Então, um patinho estava querendo pegar três peixes, afundou muito e se perdeu (*Jonatham*). Perto tinha uma cachoeira e o patinho começou a correr perigo (*Nilso*).

Tinha um tronco segurado por duas pedras e o patinho subiu no tronco e se agarrou num galho (*Jorge*).

Nisso veio o Superpato e salvou o pobrezinho do patinho (*Antônio Carlos*).

PEDAGOGIA DO ALFABETIZAR LETRANDO

Qualquer que fosse o fato real dessa "historinha verdadeira", o Antônio Carlos ouviu atentamente a "leitura" que cada criança fazia do texto escrito na lousa e ele mesmo se espantou da autenticidade do relato:

69

> — Puxa! Até parece qui eu tô venu tudo otra veiz! Só um negócio: eu inventei essa coisa do superpato. Sábi, fui eu o superpato. Eu qui peguei o patinho.

Entre realidade e fantasia, reelaborando experiências de seu dia a dia ou reelaborando junto as experiências do coleguinha, os alunos recriavam a realidade e a representação, construíam a significação do texto que eu escrevia num processo inverso do da leitura. Ou numa "leitura" que ainda não era da palavra, mas a do seu mundo (Freire, 1982, p. 16).

Nessas, e em muitas outras atividades com textos, frases, avisos, ou com seus próprios nomes escritos, leitura e escrita iam tornando-se experiência concreta para os alunos porque, por um lado, eram meios de expressão e revisão de suas próprias intenções significativas e, por outro lado, faziam parte de seus jogos e da interação entre eles na sala de aula. Nesse trabalho, as crianças se igualavam na compreensão do uso e função da escrita, completando o que traziam de casa para a escola.

Para algumas crianças que em sua pequena existência ainda não tinham sido cercadas de estímulos suficientes para a leitura e a escrita, cujo ambiente onde viviam não favorecia esse aprendizado, o contato com esse material escrito tinha maior importância. Podiam, por si sós, tirar conclusões sobre o funcionamento da escrita e formular hipóteses sobre seu sistema, mesmo sem considerar as questões mais diretamente ligadas às noções sobre as quais discutiam (como a de orientação espacial e temporal). Mas além desse aspecto do desenvolvimento conceitual, havia também um ganho nas atitudes e comportamentos sociais. Refiro-me a isso no item seguinte.

2.2

Em todas essas atividades, autorizava, valorizava e estimulava atitudes e um comportamento cooperativos. Era importante que refletissem juntas sobre as questões, que ajudassem e fossem ajudadas por seus colegas, que trocassem entre si informações, palpites, sugestões. Afastava, assim, o fantasma da avaliação individual da escola.

Como exemplo, deixem-me referir uma das atividades em que se procurava desenvolver nos alunos a independência esquerda-direita. Tratava-se de um jogo: as crianças recebiam questões elaboradas por mim, como: "Quem está do lado direito de Júlio César?", "O que está do lado esquerdo dá Fernanda 1?", "Fulano, fique na esquerda do armário" etc. Tinham que discuti-las em grupo. Em seguida, sorteavam-se duas crianças, uma de cada grupo, para responder a essas questões, ganhando ou perdendo pontos conforme acertassem ou errassem. Mas a graça da história não está nas regras do jogo mas em como se jogava.

Três crianças eram canhotas e começaram a apresentar dificuldades na tarefa. Foi preciso tratar socialmente o problema e abrir a questão para a sensibilidade dos colegas. Expliquei por que aquelas crianças se serviam da mão esquerda: elas se sentiam bem assim e eu gostaria muito que continuassem desenhando e escrevendo do modo como se sentissem melhor. As crianças, sem qualquer discriminação, começaram a considerar importante integrá-las ao grupo e ajudá-las. Criaram pequenos artifícios para "ensiná-las" a diferenciar mais rapidamente direita/esquerda. A Karina trouxe um dia dois aneisinhos de brinquedo e fez questão de colocar carinhosamente na mão direita das duas meninas que se confundiam no jogo. O Jorge trouxe para a classe umas fitinhas de Bom Jesus de Pirapora (um centro de romaria em São Paulo) para todos colocarem no braço direito, apesar de os canhotos não serem de seu grupo.

Era bonito perceber que os objetivos de "ganhar o jogo" eram superados por uma ideia de cooperação que nascia deles mesmos, espontaneamente. Bastava-me criar as condições de um diálogo franco e aberto. Não seria mesmo excessivo dizer que a noção de cooperação é tão forte quanto a de competição, como se o jogo somente valesse a pena se todos tivessem as mesmas chances. Esse procedimento cooperativo se estendeu, como veremos, a todas as outras situações: quando um aluno apresentava dificuldades em qualquer atividade, ou era mais lento, ou tinha problemas de entendimento, ele mesmo solicitava a ajuda dos colegas. Outras vezes eram os colegas que se ofereciam. Até antes do que eu, as crianças se davam conta desses pequenos problemas:

70

> — Possu i ajudá a Priscila que num tá entendeno direito essa coisa?
> — O Jean inda tá no começo. Eu já cabei i vô ajudá eli. Possu?

Se havia acordo, juntavam-se as carteiras e o trabalho ia sendo feito a dois, a três, com grande proveito recíproco. O Nilso, por exemplo, que já se desincumbia mais facilmente (por ser repetente) das tarefas iniciais, estava sempre sujeito a desinteressar-se e a mostrar-se irrequieto; mas integrava-se completamente ao trabalho quando se ocupava em auxiliar os colegas.

Deixem-me ilustrar, ainda, com um caso mais particularizado, a importância desse comportamento cooperativo. Uma das alunas, a Sterlléia, tanto nessas primeiras atividades como durante o processo de aprendizagem, mostrava-se sempre insegura e apresentava maiores dificuldades em progredir do que os colegas. Exigia de mim um esforço dirigido e uma atenção particular; bastava que me ocupasse com a classe em geral para que se "desligasse" e passasse a fazer excitadamente qualquer coisa. E era óbvio que não podia dirigir-me somente a ela. Mas o grupo de colegas assumia a incumbência de atendê-la e muitas vezes obtinha melhor êxito do que eu mesma. Percebi que, de certo modo, ela se sentia melhor trabalhando com as coleguinhas, como se suas dificuldades ficassem assim divididas com os outros e de certo modo diluídas. Enfim, eram relações partilhadas entre iguais, de coleguismo. É importante fazer o elogio da "naturalidade" com que o problema era considerado:

71

> — Veja como a Sterlléia fez lindu hoji. Tudu certu. (*Karina*).
> — Dexa eu hoji ensiná a Sterlléia? (*Fernandinha Silva*).

Mas a Sterlléia, nesse jogo espontâneo, também tinha suas opções — a de recorrer às coleguinhas ou a de tentar fazer sozinha:

72

> — Possu fazê juntu cu'a Priscila hoji? Ela vai mi ensiná i eu vô fazê tudinho dipois sozinha.
> — Hoji achu qui eu cunsigo fazê sozinha!

Não resisto aqui a fazer alguns comentários marginais. Fossem quais fossem suas dificuldades, a Sterlléia se sentia integrada na turma, participando das atividades orais e copiando tudo o que lhe caía nas mãos. Eu tinha admiração e um respeito muito grande por esses seus esforços pessoais, mesmo que os resultados viessem bem mais lentamente. E ela percebia isso e encontrava razão para valorizar-se assim como ela era, sem modelos de avaliação nem objetivos muito rígidos a alcançar. Quando ela lia, mais tarde, uma palavra, era uma festa! Sentia-se realizada e feliz. Porque aliás, cada um tem sua medida e um valor pessoal conforme sua medida e não conforme "padrões" estabelecidos em escalas estatísticas e médias. Remanejá-la para uma outra classe de crianças que não tinham passado pela pré-escola (e a Sterlléia tinha) para um período "preparatório" mais longo, seria uma solução fria que a retiraria do convívio com as coleguinhas com quem podia dividir suas dificuldades e pequenos sucessos. "A política de remanejamento, sendo levada às últimas consequências e de uma maneira não habilidosa, acaba fazendo com que a criança fique sem vínculos tanto com as outras crianças quanto com o professor."[6] Sensível como era a

---

6. A citação é extraída do texto da palestra proferida por Maria Helena Souza Patto, no encontro de ciclo básico, organizado pela Coordenadoria Estadual de Normas Pedagógicas da

PEDAGOGIA DO ALFABETIZAR LETRANDO

Sterlléia, remanejá-la seria deixá-la cair num desestímulo cujos prejuí-zos seriam maiores do que o pequeno ganho que pudesse ter. Atual-mente temos o princípio de progressão continuada que, em casos como este, se bem concebido e bem aplicado poderia resultar em um com-promisso com o desenvolvimento gradual e sistemático de habilidades, competências, conhecimentos dos educandos. Mas voltemos ao tema anterior.

O importante é caracterizar o próprio espaço da sala de aula como um ambiente de cooperação recíproca: dar lugar de direito e de fato às trocas mútuas de informação e de opinião. As críticas mais comuns que se ouvem dos professores ao trabalho em grupo são de duas na-turezas. A de que essa estratégia favorece aos mais desinibidos e reduz os tímidos à dependência. A de que não se deve esquecer que o ensi-no/aprendizagem tem uma importante dimensão individual que não se pode apagar. De fato, o professor não pode deixar de considerar a necessidade de atividades que exijam dos alunos a concentração de esforços individuais. Mas o trabalho cooperativo, quando se integra aos hábitos sociais das crianças, não se confunde com uma exibição de liderança: transforma-se em um exercício de partilha que abre espaço, em círculos menores e mais discretos, a uma participação de todos, mesmo que com diferentes papéis. Por outro lado, o trabalho em equipe não se opõe à individualização. Ao contrário, a constitui. Tem sido observação frequente de psicólogos (Vygotsky, 2001) e psi-colinguistas que o sujeito não se constitui em um processo individual e ilhado, mas na escolha de papéis próprios em interação com o outro e na imagem reflexa do outro (veja mais sobre o tema no item 3 do Capítulo 3).

A cooperação entre os alunos aparece sempre como o "meio mais apto a favorecer a troca real do pensamento e a discussão". É a que faz constituírem-se as questões e os problemas reais no processo da apren-dizagem. Essa afirmação, em um quadro piagetiano, baseia-se essen-

---

Secretaria de Educação do Estado de São Paulo. Essa palestra foi parcialmente publicada no documento do Projeto Ipê. São Paulo, CENP, 1985, p. 17.

cialmente na constatação da aparição simultânea das condutas operatórias e das condutas cooperativas e em uma análise estrutural de sua interdependência. De fato, em ambos os casos, pressupõe-se a reversibilidade e a reciprocidade; assim, a atividade operatória interna e a cooperação externa não são, no sentido mais preciso dos termos, senão dois aspectos complementares de um único e mesmo processo, visto que o equilíbrio de um depende do equilíbrio do outro.

É claro que, para obter da cooperação os resultados benéficos esperados, é essencial que a criança tenha a percepção de seu colega enquanto parceiro e "par": parceiro, no sentido de atribuírem a sua ação objetivos imediatos comuns; par, no sentido de se sentirem iguais, embora em nível de desenvolvimento diferente. Se a relação, na sala de aula, é unidirecionada, professor-alunos, ou mesmo dos alunos ao professor, essas qualidades de "parceria" e "paridade" ficam impossíveis. Como observam Kamii e De Vries, "as relações adulto-criança nunca poderão ser relações entre iguais, mesmo no caso de nos esforçarmos bastante para isso" (Perret-Clermont, 1978, p. 37-9). Serão sempre, como já observamos no início deste livro, relações assimétricas, mesmo que as disfarcemos com os nomes de "tia" ou de "colega mais velha".

2.3

As atividades nesse período preparatório eram as mais variadas possíveis. Demoro-me em algumas que se relacionam mais diretamente com propriedades da escrita que eu desejava tornar pouco a pouco mais transparentes: sua linearidade, o caráter discreto de seus elementos, o papel de traços diacríticos sutis, sua orientação, sua correspondência a propriedades da fala, enfim, a parte mais técnica do aprendizado.

Como sempre, serviam-me quaisquer elementos que as crianças colecionavam: canudinhos, palitos de sorvete ou de fósforo, sementes, pedrinhas. Com esses materiais as crianças se divertiam em fazer seriações crescentes e decrescentes, comparando-os pelo tamanho e forma, compondo com eles figuras e "escritas". O importante era que passassem do nível da mera construção para o nível das representações através de interações significativas. Assim, o Adriano colocava grãos de milho em linhas retas, da esquerda à direita: eram as suas "escritas com milho". E a Sterlléia ordenava, com o grupo, as pedrinhas pelo seu tamanho e dizia que eram "a fila das pedrinhas", como as filas dos alunos que se formavam para entrar nas salas de aula: primeiro os menores, depois os maiores, aqui as meninas, ali os meninos. A primeira pedrinha era a Camila ou o Gustavo, a última a Míriam ou o Nilso.

Logo as pedrinhas viravam carros em uma "pista" feita no chão da classe. Cada carro tinha que obedecer à sua direita, mão e contramão, permissão e proibição de estacionamento. Era o bom momento para a improvisação: por que não orientávamos o trânsito com os sinais habituais? Os alunos me ajudaram a desenhar "sinais de trânsito", que logo eram colocados nas "ruas" como advertência aos "motoristas". Alguns desses sinais ainda mantinham traços figurativos (como a "pista derrapante" que Antônio Carlos desenhou), mas outros eram inteiramente arbitrários. A discussão desses aspectos me levou a imaginar outro "jogo de sinais".

Cuidei que esses sinais já apresentassem diacríticos mais arbitrários e menos figurativos, como os que teriam que enfrentar na distinção das letras. Cada um deles representava um comando:

73

σJ = sentar no chão	╗ = levantar
⌐◦ = correr	╚ = parar
⌀ = bater palmas	─●─ = abaixar

E o jogo do senta-levanta começou (no pátio, para evitar a perturbação das salas vizinhas). As crianças, muito rapidamente, passaram a "ler" os códigos com facilidade. Era divertido para elas (e cansativo para mim), tanto que no dia seguinte as crianças passaram a me desafiar, exibindo os sinais para que eu executasse as tarefas: "Cê sabi o qui é?" Virou mania, na classe, cada grupo estabelecer seus "códigos secretos", como os do grupo do Jorge (74-a) ou os do grupo da Camila (74-b):

74

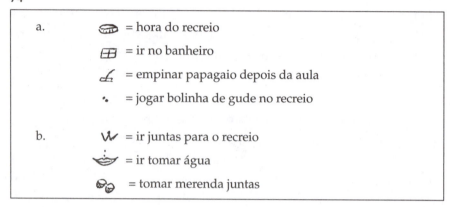

Entremeavam-se a esses jogos, em que as crianças criavam as regras e as convenções, estabelecendo os símbolos e as significações, atividades mais tradicionais de reconhecimento da orientação e dos traços diferenciais de pares de letras e de sequências de letras (P b/b P; b d/d b; If/Tf etc.) ou mesmo o de uso de letras na composição de pequenos códigos de grupo que aguçavam a atenção para a relevância de traços distintivos mais finos. Mas não se limitavam essas experiências de codificação a sinais gráficos: experimentavam o valor dos gestos, de assobios combinados; faziam-se jogos de palavras começadas com o mesmo som ou que rimavam ou que ofereciam contrastes de tonicidade, ritmo e entoação.

Pouco a pouco, desse reino mágico de sinais, íamos voltando para as palavras. O sentimento de ritmo foi logo transformado em um pequeno concurso, para ver qual o grupo que melhor batia o ritmo de ditos populares cadenciados e cantigas de roda. Alguns com caixinhas de fósforo, outros com tabuinhas, outros com as mãos e até com os pés, as crianças acompanhavam:

75

a. Café com pão
manteiga não
Café com pão
manteiga não

b. Escravos de Jó
jogavam caxangá
tira, põi(nh) a direita que vá
guerreiros com guerreiros fazem zig zig zá

Através dessas atividades a criança estava aguçando seu ouvido para as sílabas tônicas e para seu efeito rítmico nas expressões. Não se tratava, como deve parecer claro, de ensinar ao aluno número de sílabas, tonicidade, altura da voz etc. Tratava-se somente de fazê-lo utilizar-se, de maneira funcional e produtiva, desses elementos sonoros e facilitar-lhe uma experiência em que pudesse passar desses jogos de percepção a hipóteses sobre a estrutura rítmica de palavras e orações.

Algumas das atividades destinavam-se já a colocar em evidência, a sequência das unidades silábicas. Cada criança em seu papel ia fazendo sequências de traços que correspondessem às unidades silábicas que identificavam. Começaram por exercícios bem simples, como a reprodução do canto dos passarinhos e do latido de um cachorro, que apareciam em uma historinha narrada. A cada "piu" e a cada "au", um tracinho:

76

Piu, piu.   Piu, piu, piu.   Piu, piu.
— —   — — —   — —

Au.   Au, au.   Au, au, au, au!
—   — —   — — — —

Quiseram "escrever" desse jeito outras palavras e os seus próprios nomes. Tudo começou com um jogo dos nomes que correspondiam às palmas batidas pelos alunos: havia nomes de duas, três, e mais palmas. Quando um aluno batia três palmas, levantavam-se a Priscila, a Camila, a Fernanda, o Gabriel etc. Sempre havia alguém que entrava em dúvida e não se dava conta do número de sílabas de seu nome e perdia o ponto. E essas brincadeiras ingênuas tinham lá seu encanto: um dia surpreendi os alunos brincando de "palmas" no recreio. Depois passou-se à simulação da escrita: um grupo batia palmas, tantas quantas eram as sílabas dos nomes e outros assinalavam com os tracinhos as batidas dessas sílabas:

77

| An-dré — A-dri-a-no — An-tô-nio Car-los |
| — —   — — — —   — — — — — |

Com um pouco de imaginação, jogava-se "amarelinha" com as sílabas (cada linha no chão, para cada passo, era alcançada em cada sílaba de uma frase mais longa que pronunciavam) e se multiplicavam as brincadeiras. Pude logo observar que grande parte das crianças que não faziam a correspondência entre grafia, traços gráficos e sons, logo perceberam tal correspondência nas palavras que "escreviam" na lousa, inclusive reformulando a hipótese da quantidade mínima, estabelecendo paralelismos entre diferentes palavras. Algumas observações das próprias crianças são ilustrativas:

78

a. — Veje, "mesa" i "lápis" tem duas batidas igual meu nomi. (*André.*)
— I "patu" tamein é igual ao seu. (*Cristiano.*)
— É. Mais "patinhu" é igual ao meu, vê. (*O Gabriel dá três batidas na carteira, pronunciando "patinhu" e em seguida seu nome. Logo foi à lousa e "escreveu" com três letras "patinhu". Depois "escreveu" outras três dizendo que era o seu nome.*)
b. — Qui gozadu. Num teim ningueim cum nomi di uma batida só. (*Jonatham*)
— I teim palavra cuma batida só? (*A Míriam me questionando.*)

PEDAGOGIA DO ALFABETIZAR LETRANDO

Nesse momento, antes que eu respondesse, as crianças começaram a experimentar várias palavras sem, entretanto, encontrar um monossílabo. Perguntei-lhes então qual era o valor das notas que tinha na mão (uma nota de cem e outra de mil cruzados); depois continuei com perguntas sobre o que as abelhas produziam, com o que a mamãe temperava a comida etc. E os monossílabos foram aparecendo: cem, mil, mel, sal,...

79

> — Intão já sei. O meu apilido é cum traço só. Jô. (*José Roberto*)
> — Si vali apilido o do Zé tameim é. (*Flávia*)
> — I o do Tim do bar! (*Camila*)

Com essas e outras atividades diversificadas, iam-se introduzindo situações que preparam o iniciante para ingressar no mundo da escrita. Garantia-se às crianças o domínio dos conceitos básicos sobre a escrita, através de uma percepção gradativa de novas formas de expressão sensorial, motora e simbólica. É importante, pois, observar como uma série de atividades oferece às crianças um farto material de fatos sobre os quais elas podem formular novas hipóteses e avançar na sua própria conceituação da escrita e das propriedades da escrita.

Se, por um lado, durante o período preparatório, os aspectos conceituais tiveram um enfoque privilegiado, de outro lado, incluíram-se entre as atividades preparatórias aquelas que, integradas, proporcionaram a eficaz utilização desses conceitos: a educação do movimento, da discriminação auditiva e visual e a coordenação dessas percepções com a motricidade forneceram à criança não apenas o desenvolvimento de certas habilidades implicadas no processo de leitura e escrita, mas se constituíram em um modo através do qual os alunos se desenvolveram cognitiva, física, social e emocionalmente. Essa eficácia depende de como são oferecidas às crianças oportunidades de vivenciar situações e experiências concretas, estimuladas pelo prazer interessado e vontade de querer ler e escrever. Justamente porque compreenderam o que a leitura e escrita já estavam representando em situações reais de comunicação é que os alunos começaram a dispor-se a despender esforços para o domínio fisiológico e mecânico que a alfabetização requer. É o letramento produzindo atitudes positivas em relação à alfabetização.

Assim, o domínio de certas técnicas, em processos conscientes, permitem operar sobre a grafia de modo a "entender o que se lê e escrever o que se entende", a "comunicar-se graficamente" (Freire, 1967). E "a descoberta de que a palavra escrita é mais uma forma de expressar as coisas, ideias e sentimentos é fundamental para a aquisição da leitura e da escrita. Tal descoberta tem ainda especial importância no caso das crianças das classes populares, na medida em que não faz parte de seu cotidiano familiar o convívio constante com o código escrito, como ocorre nas classes médias. Nestas, a convivência sistemática com textos, livros, revistas, jornais, bilhetes, listas, receitas é tão grande, que a descoberta passa muitas vezes desapercebida, sendo vista como natural e espontânea, e não como adquirida socialmente" (Kramer e Abromavay, 1985, p. 105).

Cabe aqui uma digressão. A observação acima justifica a grande ênfase que se deve colocar no 1º ano do ciclo I (no meu caso era a pré-escola) das escolas públicas, pois, no início da escolarização, deve-se levar em conta, de modo integrado, além de critérios comuns girando em torno de atividades motoras e perceptivas, aqueles que se relacionem principalmente aos níveis de apreensão do caráter simbólico da escrita, como um modo de construção para representar sua linguagem oral. A partir de experiências concretas de diferentes formas e instrumentos sociais de representação, a criança da classe popular chega mais facilmente à elaboração conceitual do que seja a escrita e a leitura.

Este aspecto, se levado em consideração, virá por certo abrandar, e em muito, "o problema do fracasso escolar".[7] Ele proporcionará à

---

7. Preciso fazer uma advertência sobre a questão da pré-escola que hoje já foi integrada à escolarização regular — Ciclo I. Nada melhor do que transcrever, diretamente, passagens de De Mello (1986, p. 59-60), que, apesar de passados mais de vinte anos, é válido para hoje. Ela critica

criança da classe popular um melhor êxito no processo de alfabetização, pois possibilitará que o que já sabe (a seu modo e com seu valor) se aproxime do "saber" exigido pela escola.

A prática nos tem mostrado que o ciclo básico,[8] mesmo incorporando algumas "boas intenções" e pequenas vantagens, tendo como pressuposto que "caberia ao primeiro grau compensar a falta de estimulação pré-escolar", não está conseguindo "improvisar uma pré-escola para a classe popular" em que se formem os conceitos fundamentais e se desenvolvam habilidades prévias à escrita.Também, atualmente, apesar da reorganização do tempo escolar com a implantação do sistema de ciclos, assim como a progressão continuada da aprendizagem que, ao lado dos aspectos positivos que, sem dúvida tem, na maioria das escolas, as crianças continuam sendo envolvidas pelas mesmas práticas pedagógicas habituais e os alunos desprovidos dessa base ficam simplesmente marginalizadas "por um período maior".

No meu caso, mesmo com crianças que tinham passado pela pré-escola e com todas as atividades de dois meses das "brincadeiras de círculo", tive que me ocupar seriamente, no início da 1ª série, durante mais de quinze dias, com exercícios preparatórios para igualar relativamente as oportunidades de todas as crianças. Assim, crianças que tinham chegado num nível inferior foram adquirindo, num trabalho de construção conjunta, não somente coordenação

---

um discurso oficial a respeito desses problemas que se reduzem a uma questão de "obrigatoriedade da pré-escola" e extensão do 1º grau (o que já ocorreu). "A extensão da escolaridade, para um ou para outro lado, é extremamente útil à deterioração do ensino do primeiro grau. Ocorre desta maneira um deslocamento da questão central (a efetiva melhoria do ensino) e a sociedade se vê enredada em mais um equívoco, lutando por um outro nível de educação". Mas De Mello não está lutando contra a pré-escola, mas a favor de um 1º grau que recebe um imenso contingente de "desfavorecidos" que "têm direito de um ensino de qualidade, diferente desse ensino que acelera seu fracasso".

8. Para leitores que não são de São Paulo, vale a pena observar que o ciclo básico foi implantado nas escolas de 1º grau da rede pública paulista, com o objetivo de fazer frente à grande reprovação de crianças na 1ª série, destinada sobretudo à alfabetização. Hoje já há o Princípio da Progressão Continuada que, se bem concebido e bem aplicado, poderá trazer resultados eficazes.

motora ou capacidade de discriminação perceptual ou hábitos neuromotores específicos, mas iam além disso, pelo reconhecimento da leitura e da escrita como forma de comunicar-se e pela compreensão intuitiva (operacional) das propriedades fundamentais desse processo de representação.

Capítulo 3
Descobrindo e reconhecendo a escrita na fala

Após o período preparatório, iniciei com os alunos um trabalho conjunto de instrumentação para a escrita. Como vimos nos itens anteriores, o aprendizado da escrita requer a formação de conceitos, envolvendo sua natureza comunicativa e as propriedades específicas do sistema gráfico, que o distinguem de outros sistemas de representação (o desenho, por exemplo). Entre essas propriedades sabemos que a criança já opera, na prática de seus primeiros ensaios de escritura, com o caráter simbólico e arbitrário dessa representação, com a linearidade, com a delimitação de unidades discretas, com alguns esquemas combinatórios, com a relação destes com as cadeias sonoras (e possivelmente com estruturas sintáticas) das expressões da fala. Como vimos, as crianças trazem sua própria concepção da escrita, mais ou menos abrangente, nem sempre correspondente à concepção do adulto, mas que deve ser considerada e servir de base para uma primeira avaliação dos alunos e para o planejamento das atividades preparatórias. Todo o trabalho de Emilia Ferreiro aponta nessa direção e é contra a ideia de uma criança como tábula rasa e contra a redução da reflexão sobre a alfabetização a uma questão de método (talvez melhor de técnica) que vão suas maiores críticas.

Não se pode, entretanto, esquecer que esse "saber" da criança não é mais que um ponto de partida para o trabalho do professor, para a reconstrução conjunta de noções mais apropriadas e desenvolvimento de outras. Não me refiro, é claro, aos conceitos com que pedagogos, educadores e linguistas operam na descrição e explicação dos processos em jogo: falo de noções no nível intuitivo e operacional com que a criança "interpreta" o que faz, como faz e para que faz o que faz, quando escreve e lê.

O aprendizado da escrita e da leitura tem que orientar-se sempre para o que seja ler e escrever e nenhum processo ou método de alfabetização será eficaz se retirar de perspectiva o valor da escrita e da leitura na prática social contemporânea. O período de iniciação, entretanto, tem características próprias e atividades que são de natureza didática completamente diferente. Por exemplo: todos sabem que escrever e ler não consiste meramente em estabelecer uma correspondência entre cadeias de sinais gráficos e cadeias de fala; mas a alfabetização passa necessariamente pela correspondência entre sons e grafias. Sabe-se também que ler e escrever é uma atividade construtiva e criativa e não um jogo de palavras; mas a alfabetização também precisa jogar com "babá" e "bebê", com "ama" e "cama" e com "pa", "pe", "pi", "po" e "pu". Supõe o exercício de um conjunto de práticas interrelacionadas e hierarquizadas em vários níveis; supõe a obtenção de habilidades específicas, perceptivas e motoras, para a grafia e reconhecimento de unidades sistematicamente contrapostas por traços distintivos sutis; supõe um conhecimento muito específico relativo às regras convencionais da grafia, da construção de unidades complexas e de análise destas em seus componentes. Por isso, o projeto pedagógico tem suas próprias exigências.

Estou querendo dizer que, sem desconsiderar os aspectos conceituais ou nocionais do "saber" já construídos pelas crianças, o ensino/aprendizagem da leitura e da escrita é um processo de construção de novos conhecimentos e, além disso, envolve aspectos técnicos que exigem treinamento e método. É claramente equivocado tanto reduzir esta prática a uma escolha de métodos, quanto retirar dela o que tem de manipulação, de atividade circunscrita. É necessário pois, recolocar na reflexão teórico-pedagógica sobre a alfabetização a questão dos conteúdos e retomar as preocupações sobre como criar, em sala de aula, as condições ideais de ensino/aprendizagem, enquanto prática orientada e planejada.

Deixem-me, para melhor esclarecer esse ponto de vista, voltar ao problema da relação entre a oralidade e a escritura, a que aludi acima. O professor não pode desconhecer, para orientar sua prática no curso dos anos de escolarização, as grandes diferenças entre essas duas modalidades de expressão e comunicação. De fato, como observam inúmeros autores, deve-se criticar a visão tradicional da escrita como representação gráfica ou transposição da oralidade.[1] A primeira diferença, e a mais óbvia, é a de que, embora a escrita se tenha desenvolvido (pelo menos no caso da escrita alfabética) como um simbolismo de segunda ordem do simbolismo sonoro da fala, a relação entre grafias e som se torna, historicamente, mais e mais arbitrária em diferentes línguas.[2] Enquanto a escrita tende à fixação dos padrões, a oralidade tende à mudança e à transformação. Uma segunda diferença está no fato de, no texto escrito, ao contrário do discurso coloquial, ficarem reduzidas as informações da situação imediata que ajudam na interpretação: são diferentes as condições de produção, aumenta o grau de planejamento e consciência das opções linguísticas, complica-se o vocabulário, requer-se uma tessitura mais complexa e procedimentos de coesão mais exigentes.[3] Além de tudo isso, observe-se ainda que, na sociedade letrada contemporânea, a escrita se tornou um processo de representação e de comunicação relativamente autônomo, independente da fala, servindo a diferentes propósitos e circulando em outro tipo de intercâmbio social. Na maioria das vezes, não se fala o que se escreve e não se escreve o que se fala.

---

1. Vejam-se, por exemplo, Haquira Osakabe (1982); Maurício Gnerre (1978); Percival Leme Brito (1984), particularmente p. 115-7.

2. Baseio-me bastante em Mary Kato (1986), sobretudo em seu capítulo 1, "A natureza da linguagem escrita" (p. 10-41).

3. Leiam-se, na *Proposta para o ensino da língua portuguesa*, elaborado pela equipe de língua portuguesa da Coordenadoria de Normas Pedagógicas (CENP-SE-São Paulo), o item 1 do capítulo II e as observações sobre as características do texto escrito no item 3 do capítulo IV.

Mesmo, porém, quando se distingue com clareza os dois sistemas de comunicação e expressão, a prática pedagógica não pode deixar de levar em conta o fato de que a fala e a escrita são, pelo menos, "parcialmente isomórficas e parcialmente isofuncionais" (Kato, 1986, p. 41). Alguns prefeririam mesmo dizer que as diferenças entre a escrita e a fala não correspondem a diferenças estruturais, mas a diferenças de uso e de grau na interferência das condições de produção. Além disso, tem-se que levar em conta o fato de que a hipótese de uma correlação entre a fala e a escrita, ou como diria Miriam Lemle (1987, p. 26) e referi na introdução — a hipótese "de um casamento monogâmico entre sons e letras" é o "primeiro grande progresso na aprendizagem da alfabetização" e o passo mais importante do alfabetizando na conceituação preliminar da escrita: é quando ele escapa ao figurativismo e ao realismo iniciais e faz da escrita uma questão de linguagem.

Essa é uma das razões pelas quais, neste trabalho, se vai tomar, como ponto de partida, o aspecto em que a escrita funciona como um sistema de representação da linguagem oral das crianças. A esse momento transitório de passagem da oralidade para a escrita, Gnerre chama de momento necessário de mediação: entre outras coisas, porque assim ganham espaço e se fortalecem todas as formas de manifestação não escrita, devolve-se o gosto e a confiança na oralidade, mantém-se o prestígio da arte verbal para evitar a fetichização da escrita.[4]

Essa vinculação do processo inicial do aprendizado da escrita à oralidade é ainda conveniente por outras razões. Não se esqueça que as crianças ainda estão atarefadas com as primeiras experiências de codificação e decodificação dos sinais gráficos, no estabelecimento de

---

4. Transcrevo o trecho mais significativo: "Um problema que me parece central na alfabetização de crianças e adultos é o da ausência ou da redução extrema dos momentos e dos instrumentos teóricos e práticos para a mediação entre a oralidade e a escrita. Na medida em que não damos espaços à fase de mediação entre a oralidade e a escrita, complicamos de forma desnecessária o momento já intrinsecamente difícil da alfabetização, visto como interpretação recíproca do alfabetizador e do alfabetizando. É justamente esta fase de mediação que precisa ser fortalecida de várias formas: temos que tentar devolver o gosto e a confiança na oralidade, o prestígio da arte verbal, a discussão sobre as hipóteses relativas ao que seria a escrita, (...)" (Gnerre, 1985, p. 47).

correspondências e na descoberta de não correspondências entre o som e a grafia. Isto está longe de ser uma atividade plena de linguagem e muito longe da possibilidade de uma atividade textual de escrita autônoma. Esse aspecto restritivo e limitante do processo de alfabetização se observa sobretudo na comparação com a linguagem oral das crianças: os alfabetizandos, enquanto operam sobre as descobertas das letras, das sílabas e das palavras iniciais de seu vocabulário escrito, já dominam amplamente a linguagem rica e variada de que se servem na conversação e no diálogo.

Por isso é que a alfabetização deve ancorar-se na linguagem que as crianças dominam e nascer com fortes marcas da oralidade. Se a alfabetização possui um aspecto manipulativo e técnico que exige um certo tempo de instrumentação e maturação, como vincular, no entretempo, essa tarefa às atividades de linguagem — espontâneas, originais, expressivas? Parece-me que o modo mais natural de ligar os primeiros "escritos" e a linguagem é o de integrá-los à conversa espontânea dos alunos. É nesse espaço da oralidade que esses "escritos" se tornam significativos, como parte de processos expressivos mais amplos e criativos em que o alfabetizar letrando se ancora.

A chave metodológica não está, pois, na hipótese de uma correlação estreita entre a escrita e a oralidade, uma como representação da outra. Trata-se de considerar a prática oral das crianças como o contexto em que as primeiras palavras e as primeiras frases escritas ganham "naturalidade". Integrando-as a uma atividade oral intensa, as crianças podem melhor atribuir uma intenção significativa a seus escritos e, através dela, ir compreendendo a função comunicativa e o valor desse novo objeto de conhecimento. Em outros termos, é no âmbito da oralidade que os escritos das crianças, quer enquanto representação de pedaços de sua fala, quer como contexto de vida para a interpretação, ganham significação, por menores e mais fragmentários que sejam.

Sei que, com esta introdução sumária, somente levantei questões que exigiriam uma discussão mais ampla. Será, pois, melhor voltar à descrição das ações e atividades dentro da sala de aula no período de instrumentação. Refletindo teoricamente sobre as experiências vividas e os episódios protagonizados pelas crianças e por mim, penso que encontrarei um ponto de apoio mais concreto para voltar às perguntas que me faço (e que devem estar fazendo-me) e esboçar uma resposta mais compreensiva.

1. A ênfase na significação e na contextualização

Desde o seu início, e em todo o processo de alfabetização, deve-se cuidar para que as formas escritas (quando dadas para reconhecimento dos alunos ou grafadas por eles) apareçam contextualizadas e associadas a uma significação. Mas é preciso explicar um pouco mais o que quero significar com esse termo "significação". Em um sentido estrito, pode-se dizer que, quando a criança observa ou escreve, por exemplo, 'pato', e fala [pato], é claro que já se deu um processo significativo: a criança identificou o sinal gráfico (não importa se global ou analiticamente ou por um critério seu particular) e interpretou-o na forma sonora correspondente. Certamente, ela deve estar, também, evocando a imagem do objeto representado. Para Vygotsky, isto seria *a palavra vista de seu aspecto interno.* Assim, em uma outra situação habitual, a criança pode ver o desenho de um pato, falar [pato] e grafar 'pato', associando diferentes modos de representação uns aos outros. Em casos como esses, que se repetem durante o aprendizado da escrita, há processos semânticos envolvidos.

Quando falo de significação e contextualização refiro-me, porém, a algo mais exigente: à inserção dos processos elementares acima (ou outros semelhantes) em uma situação comunicativa, de modo que a expressão gráfica interpretada se correlacione a aspectos da vida das crianças ou às atividades que realizam em sala de aula. Servindo-me do exemplo acima, pensem uma situação em que ao observar ou escrever 'pato', esse pato seja o pato de que se vem falando em uma historinha ou o pato da casa da Priscila ou o pato empalhado do museu da escola. A criança deve estar querendo usar a palavra 'pato' em um jogo de linguagem ou ser capaz de inseri-la nesse jogo real. Voltarei sempre a isto.

No início do processo, as primeiras formas escritas que possuem uma certa estabilidade, tomadas pelas crianças como um modelo de escritura dotada de significação, são os nomes próprios. E com a vantagem, em relação a outras que se poderiam propor aos alunos, de serem formas contextualizadas em sua vida escolar: desde o pré, o aluno tinha seu nome colocado em todo material para identificação, sabia grafá-lo e reconhecê-lo. Trata-se de um contexto ainda bem pobre — uma mera etiquetagem de objetos —, mas já marcada por traços de intencionalidade e funcionalidade,[5] principalmente por referir-se ao próprio aluno.

Cada professor pode imaginar diferentes estratégias para colocar esse primeiro conjunto de formas gráficas em jogo. Eu costumava fazer uma brincadeira de "autochamada", colocando todos os nomes escritos em cartolina encostados na lousa ou em um "cartaz de pregas" cada criança vinha buscar o seu nome e os que sobrassem eram os dos faltosos. No princípio tudo parecia rotina — uma chamada diferente —, mas, pouco a pouco, sobretudo aproveitando-me das oportunidades em que titubeavam na escolha, foi-se tornando um processo de descoberta e conhecimento.

Lembre-se que as crianças, embora podendo grafar o seu próprio nome, não o reconheciam por um procedimento analítico mas, provavelmente, de um modo global ou por uma "chave", sem estabelecer uma diferenciação entre as grafias componentes. Somente com o prosseguimento da atividade é que começaram a aparecer experiências em que já se via um começo de análise e seleção de critérios para a identificação do nome. Assim, um dia, o Júlio César faltou; mostrei seu nome e algumas crianças logo identificaram:

---

5. Sobre o interesse desse trabalho sobre os nomes próprios, ver Emilia Ferreiro (1979, p. 269). Obviamente, não é necessário começar sempre pelos nomes próprios. É possível que os alunos tenham operado de modo habitual sobre outros conjuntos de palavras grafadas que favoreçam a contextualização (de propaganda, de produtos, de televisão etc.).

80

> — É o Júlio César!
> — Óia. O começo dele é igual do começo do Jorge e do Zé Roberto.

A primeira letra de cada nome, perceptivamente proeminente pelo uso da maiúscula e pela posição inicial, se tomava como índice distintivo que permitia identificar não propriamente a palavra (observe o uso do apelido "Z" em vez de "José"), mas o referente que interessava na situação.

Outro indício desse procedimento foi o fato de que o Reinaldo e o Ricardo confundiam seus nomes: era dura, para eles, a tarefa de encontrar seu nome, pois tomavam, como critério de identificação, a letra inicial. Eram justamente essas situações que levavam os alunos a estabelecer novas hipóteses e avançar no conhecimento do sistema gráfico. Tinham que descobrir como identificar seus nomes e é importante notar que esse processo de descoberta era construído em uma situação dialogal:[6]

81

> — O meu tem essi laço grandi i o do Ricardo num tem. (*Reinaldo*)
> — É. I o meu tem essi "i". (*Ricardo*)
> — Ah... I o meu tem essi "i". (*Reinaldo*)
> — É. Mais o meu num tem essi "e". Só "i". (*Ricardo*)

A observação desse avanço me levava a propor questões mais exigentes. As brincadeiras que fazia diariamente com as crianças, ora escondendo seus nomes e brincando de achar, ora pedindo para que "lessem", o nome do colega, ora dando uma sílaba inicial, como "Ga"

---

6. Emilia Ferreiro relata o caso do menino Santiago, para quem também as letras iniciais são tomadas como base para a identificação dos nomes de membros da família. Interessante é acompanhar o processo de construção de hipóteses em uma situação também dialogal e às vezes conflitiva (Ferreiro, 1986, p. 26 s.).

PEDAGOGIA DO ALFABETIZAR LETRANDO

e solicitando: "Ga é o ga do...?", para que o Gabriel se identificasse, se estenderam para além dos nomes próprios — as crianças prosseguiam na brincadeira, descobrindo outras palavras: "Ga é o ga do galo, da galinha, do gato, do garfo..."

Assim, a partir dos nomes próprios, as crianças iam construindo paradigmas de palavras, com base na sílaba inicial que identificavam e na contribuição de cada aluno em um trabalho coletivo de descoberta. Eu escrevia essas palavras na lousa, destacando as sílabas iniciais com giz colorido:

Jorge	José	Júlio	Reinaldo	Ricardo
jornal	Josimar	Juca	rei	rico
jornaleiro	jogo	judô	reino	rifa
	joelho	julho	remo	rio
	joelheira		recreio	risada
			refresco	

É importante notar que, durante um certo período, as crianças utilizavam procedimentos de reconhecimento correspondentes ainda a uma hipótese do nível silábico. Com uma, duas ou três letras iniciais, as crianças achavam que podiam ler a mesma coisa: eu poderia mostrar ou escrever "G", "Gu", "Gus" ou "Ga", mas a resposta das crianças podia ser, indistintamente, para quaisquer dessas grafias, "Gabriel", ou "Gustavo", ou "gato", ou "garfo", ou "Guto" (apelido de um deles). De qualquer modo, o fato de que tinha passado a colocar uma certa ênfase na sílaba inicial, levou os alunos a tomá-la como novo critério de identificação dos nomes, em lugar da letra.

Em tudo isso, há sempre um aspecto de repetição e insistência; mas não devemos medir o interesse das crianças pelo nosso. As crianças gostavam muito dessas pequenas brincadeiras e se entusiasmavam com suas pequenas descobertas. Devo, porém, voltar a destacar a importância, em todos esses jogos, do ambiente de conversa, troca de ideias entre os alunos, e mesmo um pouco de competição entre eles, para tornar a aprendizagem um processo de construção do conhecimento por eles mesmos. E foi sempre no diálogo que apareceram os melhores achados.

Um dia, a Lucila pegou da lousa o nome da Priscila no lugar do seu:

82

> — Ei! essi nomi é meu.
> — Seu?... Ah! é. Mas eu peguei porque ele termina igual.
> (*E a Camila entrou logo na história para comparar também seu nome, acrescentando inteligentemente:*)
> — Só qui tem uma coisa. O meu acaba com "mila", o delas é "cila", mas os treis termina em "la".

Não é demais insistir nesse trabalho conjunto de construção do conhecimento. Os alunos por si mesmos iam levantando suas hipóteses e estabelecendo correspondências mais finas entre grafias e a parte silábica a que correspondiam, ampliando essas comparações, a partir de seus nomes, para palavras que apareciam nas conversações e nas historinhas. O meu papel era, cada vez mais, o de coordenar essa atividade e o de levar as crianças a estenderem suas operações sobre outras palavras do seu universo vocabular (que eu tinha recolhido já no tempo do pré em nossas brincadeiras de círculo) e sobre palavras de uma cartilha, respeitando uma hierarquia de dificuldades estabelecida previamente.

Devo observar que tinha, entre meus objetivos, o de fazer corresponder o quanto possível minha experiência e reflexão pedagógicas às condições de trabalho habituais na rede escolar de ensino.[7] Por isso, a exemplo de outras classes de 1ª série da escola (onde os professores achavam que a cartilha era um instrumento indispensável de apoio para seu plano de trabalho e fonte dos exercícios), recebi e "adotei" a cartilha *No reino da alegria*, de Doracy de Almeida. Ela foi distribuída para os alunos. Fiz isto porque, eles próprios queriam carregá-la dia-

---

7. Essa foi uma opção minha: a de examinar questões de metodologia em situações relativamente precárias, como as da rede pública de ensino no Brasil. Com isso não pretendo reduzir o interesse de outras pesquisas que buscam examinar a eficácia de métodos com o emprego de materiais e instrumentos mais sofisticados e modernos (até microcomputadores). Mesmo que não se possa de imediato estender os seus resultados pelos maiores custos envolvidos, criam essas pesquisas o conhecimento necessário para a esperança de uma futura mudança das estruturas administrativas e de custeio do ensino.

PEDAGOGIA DO ALFABETIZAR LETRANDO

riamente para casa, pois, para muitos, era esse o único livro que possuíam. Entretanto, não fiz da cartilha o meu plano de curso, que eu revia a cada passo (praticamente a cada novo dia), para deixá-lo aberto às manifestações, interesses e mesmo improvisações dos alunos. Assim, a ordenação de suas lições não foi seguida totalmente e fui levada a fazer muito mais do que a cartilha sugeria: mais exercícios, mais leituras, mais discussões e trabalhos com os "textos" enriquecendo-os e tornando-os sempre mais próximos à realidade cotidiana das crianças.

O essencial é que, as vezes que dela me utilizava, procurava contextualizar todo material escrito, para que não se transformasse em mera tarefa de articular sons ou de relacioná-los a desenhos de um modo mecânico. Um exemplo: uma das primeiras lições da cartilha continha palavras como "maca", "ema" e mima". Sabia bem que não faziam parte do vocabulário usual das crianças. Por isso, antes mesmo que a lição fosse apresentada aos alunos, buscava prepará-la e dar sentido às palavras desconhecidas, usando recursos diversos como incluí-las em historinhas, setenças, acontecimentos.

Começava a lembrá-los do Seu Carmo, vizinho da escola, saindo em uma maca para o hospital; do Titão, figura popular do bairro, ferido em um acidente e sendo levado em uma maca. Improvisávamos, as crianças e eu (com palitos de sorvete e fita crepe), uma maca em miniatura para transportar a boneca da Flavinha que, em uma história da classe, precisou ser operada da "pêndis". Na continuação da conversa, a Flavinha mima a bonequinha que está com "dodói". Ou íamos juntos à biblioteca procurar livros em que aparecessem aves e, é claro, uma ema com suas características.

Somente depois de atividades desse tipo, debates e dramatizações referentes às diversas implicações que a palavra ou ação motivava é que se abria a cartilha para enfrentar as formas gráficas correspondentes. Tendo já incorporado as palavras a seu vocabulário, o que por si só já constituía um novo conhecimento, podiam ler efetivamente e não mais silabar ou soletrar. Ficavam orgulhosos de usar algumas palavras diferentes, cujo significado já compreendiam. Passavam a brincar com elas, a "levá-las pra casa", e não perdiam a oportunidade de usá-las, ora dirigindo-se a mim, ora na conversa com outras crianças que pude documentar:

83

a. — A ema do bosque corre tanto! Eu ispantei ela dumingo.
— Meu pai disse que ema corre quasi igual a carru.
b. — Sábi. Onti eu fui n'hospitau e vi uma maca cum homi incima.
— Credo! Você viu um morto?
— Num dissi qui era mortu. Eli num pudia andá, num sei porque, i tava na maca.
c. — O Dinhu tá num choru só lá em casa. É cheio di fresquice aqueli minino, ein.
— Craru. Porque a Nice mima muito eli.

Um outro exemplo desses procedimentos simples, envolvendo a participação das crianças, com que buscava contextualizar as palavras e as escritas correspondentes: quando já uniam as vogais, os pequenos monossílabos permitiam formar um enunciado com significação. As crianças, em uma representação enfática, liam expressões de dor, de cumprimento, de espanto, de saudação, que eu colocava, às vezes, na lousa nos "balões da fala", sobre as cabecinhas dos alunos que vinham representar na frente. Ela falava e eu escrevia suas falas no balão. Outras vezes, essa representação era colocada na forma escrita: os alunos, copiando no caderno, já iam associando a ela o travessão e o ponto de exclamação:

— Oi, Flavia!

— Ai, ai, Gabriel!

— Ei, Jorge!

— Ui!

Ou, então, com ilustração própria e individualmente, as crianças compunham uma historinha sobre o que tinham trabalhado. Numa folha avulsa, intercalavam desenho e escrita para representar seu texto oral. Mostro alguns exemplos, do Juninho (Reinaldo), da Lucila e do Gabriel (nessa ordem), que assim descreviam o seu trabalho:

84

— O lulu tava latino: au, au, au! e foi mordê a Ada. Ela começô a chorá: ai, ai, ai.

85

— Miau, miau! A Camila tava assustada co Mimi: Ui!

86

— O Ivo viu a Eda i dissi: Oi, Eda! I a Eda dissi: Oi, Ivo! I dipois dero bejo.

(Ao perguntar ao Gabriel o que estava escrito no "balão da fala" quando os dois se beijaram, ele me disse que "não era escrito; era o barulho do beijo".) É claro que essas atividades variavam conforme as etapas de dificuldades que estavam sendo vencidas, utilizando-me delas para extrair as famílias fonêmicas de palavras não só do interesse e do vocabulário das crianças, mas também aquelas da cartilha com que elas se haviam familiarizado.

Neste ponto, vale a pena fazer um intervalo e refletir um pouco sobre uma questão de método. Como se sabe, algumas das técnicas utilizadas no ensino da norma escolar partem do pressuposto metodológico (que venho implicitamente assumindo) de que, em vez de operar sobre a relação material entre som e grafia, deve-se lidar com unidades linguísticas significativas. O raciocínio é simples: a escrita e a leitura são processos de construção e interpretação do sentido e, consequentemente, os alunos devem desde o início trabalhar com escritas que "possuam elementos ideativos", ou seja, que tenham significação. Tenho mesmo salientado uma das vantagens normalmente arroladas em favor desse método: as crianças, operando sobre elementos significativos, sentem "satisfação" e até se orgulham pelas descobertas que fazem no curso do aprendizado.[8]

Na história desses métodos, conhece-se a utilização de diferentes estratégias que tentam respeitar tal pressuposto geral. Durante um certo tempo, escolheu-se a palavra como unidade mínima de significação e, buscando palavras de uso da criança que contivessem, no seu conjunto, os diferentes sons da língua, organizaram-se em torno delas procedimentos de análise e síntese para o domínio da combinatória ao nível das unidades não significativas, como as sílabas e os sons.[9]

---

8. Para um estudo sumário dos diferentes métodos empregados na alfabetização e sua evolução na história da Pedagogia, vejam-se Soares (1977) e Micotti (1970).

9. Num certo sentido, pode-se falar que os fonemas e as sílabas são "significativos". De fato, nas teorias fonológicas esses elementos constituem o estrato básico de construção das unidades linguísticas significativas, por seu caráter simbólico diacrítico ou distintivo. Isso para não falar em outros elementos significativos, morfemas, que não se confundem com palavras e sentenças, mas que expressam, nas línguas, significações gramaticais (pluralidade, singularidade, gênero, classe etc.). Quando falo, porém, aqui de significação, falo da construção do sentido em um contexto determinado, em atos efetivos de linguagem.

Mas é mesmo a palavra uma unidade autônoma de significação? Logo se observou como as palavras ganham o seu sentido no âmbito de expressões mais complexas, das frases e das sentenças. De fato, para trazer um exemplo simples, podem-se ver os vários sentidos da palavra "água" em

87

> a. Vou beber água.
> b. Não saia agora que vem água.
> c. O barco está fazendo água.
> d. A gente se desentendeu e, então, foi aquela água!

Diante disso, passou-se da técnica da "palavração" para a técnica da "sentenciação". Seria a sentença, e não a palavra, a verdadeira unidade na elaboração do pensamento, com propriedades estruturais e de entoação específicas que a tornam muito diferente de uma mera junção ou soma de palavras. Foi, por isso, no interior desses objetos linguísticos mais complexos (em sua apresentação gráfica) que se buscaram as palavras, descendo destas às sílabas e finalmente às letras. Mas é mesmo a frase uma unidade autônoma de significação? Quase como no caso das palavras, também se observou como as sentenças dependem, para significar, do texto em que se inserem. Observem:

88

> a. — Você não gostou do desenho do Joãozinho?
> — Mais ou menos.
> — ...?
> — O traço está bem, mas está tudo azul. Demais!
> b. — Vocês vão sair?
> — Claro! Olha como está tudo azul.
> — Então, aproveitem o dia.
> c. — Você e o Joãozinho continuam brigando daquele jeito?
> — Não. Agora está tudo azul com a gente.

Diante disso, seria preciso ultrapassar o método da sentenciação e trabalhar já com pequenas histórias ou transcrições de diálogos em um "pré-livro", em que se cria o interesse dos alunos para a descrição dos acontecimentos: aí se distinguiriam as sentenças, onde se isolam as palavras sobre as quais se pode, então, operar significativamente sobre os elementos discretos e distintivos da fala e da escrita. Mas é mesmo verdade que a significação se constrói inteiramente e só pela coesão e interrelação de elementos linguísticos no texto?

Considerem este exemplo:[10]

89

> — Fessora, que horas são? Num é quase meio-dia e meio?
> — Tá bom. Podem guardar o material e sair pra merenda.

Para a professora dar a resposta que deu, não basta saber o que significam as perguntas do aluno literalmente, ou seja, pela mera interpretação dos recursos linguísticos que ele utiliza. A professora sabe bem mais do que contar horas no relógio, o que lhe permitiria simplesmente responder: "É. Já é meio-dia e meia". Ou "Não. São doze e dez". A professora leva em conta a situação imediata em questão (a sala de aula), as atitudes dos alunos (que estão cansados de estar ali); ela sabe, e sabe que o aluno sabe quando é que termina habitualmente a aula e também sabe que é depois dessa aula que se serve a merenda. Por isso, interpreta a pergunta do aluno não como uma pergunta sobre a hora, mas como um pedido ou manifestação de intenção de sair para o recreio.

Então, as expressões das línguas naturais, seja qual for sua extensão, não podem ser consideradas como suficientes para a construção da significação. Elas se tornam significativas no contexto mais amplo que envolve os interlocutores, o conhecimento que partilham, as con-

---

10. Exemplo tirado, com seus comentários, da página 11 do documento da CENP referido à nota 3, p. 105.

PEDAGOGIA DO ALFABETIZAR LETRANDO

dições da situação discursiva. Portanto, a solução do problema (como dar significação aos primeiros fragmentos escritos pela criança?) não está em apresentar aos alunos objetos linguísticos escritos cada vez mais complexos. O que importa mesmo não é a extensão do objeto linguístico escrito sobre que operam, mas a sua contextualização. Seja qual for esse objeto linguístico escrito — letra, sílaba, palavra, sentença, texto —, eles devem ganhar sentido em um contexto vital, em situações dialogais, cotidianas, mesmo quando simuladas em sala de aula.

E com isto estou de volta ao elogio da oralidade.

2. Construindo o conhecimento no diálogo

No parágrafo anterior, procurei colocar a ênfase sobre a necessidade de "dar" significação mesmo aos fragmentos de escrita sobre que operam as crianças. Alguns autores têm apontado, dentre as desvantagens das técnicas que visam cumprir esse objetivo, o fato de que, partindo de objetos linguísticos já mais extensos, como sentenças e historietas, as crianças não conseguem lidar com esses longos textos escritos: não podem interpretá-los nem operar com um sem número de caracteres gráficos, não ordenados segundo uma escala de dificuldades, além de inseridos em uma configuração complexa. Como é fácil de prever, sentenças e historietas escritas não fazem sentido para as crianças a não ser que sejam interpretadas e traduzidas por uma intensa atividade oral concomitante.

Por que, então, não privilegiar desde o início a atividade oral espontânea das crianças? Nela é que se pode dar sentido, e mais facilmente, aos pedacinhos de escrita das crianças, sem recorrer a expressões mais longas. Contextualizando oralmente sua escrita, mesmo as palavras mais simples e aparentemente soltas, as crianças conseguem um resultado satisfatório pela simples razão de que são elas mesmas que constroem a significação e o conhecimento.

Estas observações me levam a uma outra conhecida desvantagem das técnicas que se servem de expressões escritas mais complexas. Trata-se do fato de que se dificulta, para as crianças, a descoberta das regras combinatórias que operam sobre elementos simples e de caráter meramente distintivo, como as sílabas e as letras. E isso é indispensável para a criança construir o "saber" que lhe permita escapar ao limite dos jogos escolares e escrever e ler palavras que jamais viu ou exercitou. No meu caso, porém, deixando para a atividade oral das crianças a inserção e contextualização de fragmentos escritos em enunciados ou relatos, não complicava o material linguístico escrito. Este continuava relativamente simples e disponível para operações complementares de análise e síntese.

Desse modo, depois de assegurar a compreensão e a contextualização das expressões escritas, buscava levar as crianças, em atividades recreativas (por exemplo, batendo o ritmo ou brincando de "achar"), a ir comparando e analisando as formas escritas em seus componentes característicos e distintivos e a relacioná-los com os sons. Outra vez, entretanto, preciso insistir em que as analogias e diferenças estabelecidas entre as sílabas não resultavam de um procedimento mecânico e só de observação. Como esse trabalho era sempre inserido em uma situação dialogada e de livre manifestação, ele logo dava oportunidade para as crianças construírem, mesmo operando com sílabas, novas significações.

Assim, o 'pa' se substantivava, porque era o 'pa' do pato da Priscila, mas também era o 'pa' de nosso pai, do papagaio da escola, da panela da cozinha em que se fazia a merenda, da copa da casa da Flavinha. E o 'to' era o 'to' final do pato e do gato da Sterlléia, do nome do Zé Roberto, do sobrenome da Fernandinha Sato.

90

> — Achei outra! Eu vendo tomate co meu tio na feira.
> — Tio num é 'to'!
> — É. Mas é o 'to' do toco de cigarro que o Nilson pega na rua.
> — I o que qui tem di vê co tio?!
> — Óia aí seu: to! ti! Num tá vendo?
> — Ah! tô! 'Ti' (*risadas.*)

PEDAGOGIA DO ALFABETIZAR LETRANDO

Assim, pouco a pouco, o 'to' do pato virava o 'ti' de tio, e o 'pa' se associava ao 'pi' do pito do nono. Ou o 'to' e o 'ti' viravam o 'te' do patê que a mãe da Flávia fez para passar no pão, na festinha de seu aniversário. E tinha o 'ti' da festinha...

Operando efetivamente sobre esses elementos em uma fala descontraída, facilitava-se grandemente para as crianças a formação das hipóteses fundamentais sobre o caráter distintivo desses pares e sequências (pa, pi; ta, te, ti, to, tu). Mas não se pode minimizar os exercícios mais sistemáticos de fixação e convencionalização dessas descobertas. As crianças gostam muito de falar, mas também gostam muito de jogar e competir. Muitas vezes, fiz puros jogos de combinação dos pedacinhos em que decompunham as palavras. O "quadro das descobertas", em que se iam seriando as sílabas levantadas, fornecia, por exemplo, um excelente momento de criação e aprendizagem.

O "quadro das descobertas" variava de acordo com as palavras estudadas. Após três ou quatro lições, distribuía, para cada um dos quatro grupos de alunos em que se dividia a turma, um quadro grande, em papel de embrulho onde eu escrevia, de um lado, as palavras que haviam sido "tiradas" das crianças e de outro, suas sílabas iniciais correspondentes.

	a	e	i	o	u
lata	la	le	li	lo	lu
tatu	ta	te	ti	to	tu
macaco	ma	me	mi	mo	mu
camelo	ca			co	cu

O jogo consistia em descobrir novas palavras pela combinação das sílabas, consideradas sempre as unidades básicas do trabalho de alfabetização. As crianças se distraíam como se estivessem brincando "com os jogos da Estrela" e era para ver o entusiasmo com que iam à luta pela melhor e mais divertida descoberta.

Tínhamos já combinado as regras: a) cada um do grupo descobria, em sua vez, uma palavra; b) toda palavra devia ser referida a um objeto ou acontecimento, ou introduzida em uma sentença de referência; c) todos discutiam se aceitavam a palavra; d) todos escreviam a palavra no seu "bloco das descobertas". Eu tinha imposto uma condição extra:
— Vocês falam assim com soquinhos: ca — ma, me — i — a, ma — to? Ninguém falava. Então não era para ler soletrando: o aluno construía na cabecinha a palavra e a comunicava depois, inteirinha, como falava.

Vamos acompanhar um pouco o trabalho do grupo do Jorge. Fizeram, utilizando o quadro acima, as seguintes descobertas: "lei", "titio", "uma", "ele", "cama", "meia", "miau", "mala" e "lama", "leite". Era interessante notar como os pequenos leitores desenvolviam estratégias para descobrir as palavras. Eram estratégias de predição para antecipar o final de uma palavra e atribuir-lhe um significado.

Controlando sua própria leitura no "quadro das descobertas", o Jean (desse grupo) colocou o dedo sobre o 'me' e logo correu os olhos para achar o 'u' e exclamou "meu!" apontando para si próprio. O Cristiano indicou o 'me', correu o dedo para o 'i' e para o 'a' e apontou para sua meia: "meia!". Já o Jorge pronunciou o 'ma' e, lembrando-se da minha regra, logo corrigiu para "mala". Só que seu dedinho correu inseguro para o 'lo'. Aí, embasbacou:

91

— Malo?!
(*O grupo já se preparava para intervir, e o Jorge procurou o "la":*)
— Não. Pêra aí. Mala! Aquela mala qui meu pai tem em casa.
(*E o Antônio Carlos fez o caminho inverso:*)
— É a lama qui forma na minha rua quando chove.

Essas pequenas brincadeiras vão mostrando, para o professor atento, os procedimentos das crianças e seus avanços. Observem de passagem que, sem qualquer pré-aviso ou explicação, já vão desco-

PEDAGOGIA DO ALFABETIZAR LETRANDO

brindo como a grafia neutraliza certas diferenças: entre o [la], de mala, e o [lã], de lama. Por outro lado, como acontece no caso do Jorge, se a descoberta das grafias está associada a um processo significativo, logo entram em jogo procedimentos elementares de inferência. Como observa Goodman, "as predições e inferências são estratégias básicas de leitura: os leitores estão constantemente controlando sua própria leitura para assegurar que tenha sentido (...). Os leitores aprendem a ler através do autocontrole de sua leitura (...). A autocorreção é também uma forma de aprendizagem já que é uma resposta a um ponto de desequilíbrio no processo de leitura".[11]

Embora essas atividades fossem propostas como um "exercício", elas não eram assim entendidas pelas crianças,[12] pois a pronúncia e a adivinhação das palavras sempre eram secundárias em relação à construção de seu significado, seja na situação imediata, seja dentro de enunciados que as crianças produziam, desde o início, com cada palavra descoberta. Esta dificilmente se repetia (embora a análise das sílabas componentes permitisse a reconstituição de novas e diferentes palavras): as crianças queriam sempre fazer sentenças com novas palavras, pois estavam acostumadas a trabalhá-las sempre tão incrustadas em seus enunciados e tão impregnadas de significado que dificilmente as pensavam isoladamente.

O professor não joga o jogo, mas dele participa intensa e continuamente na observação desses procedimentos que não somente lhe

---

11. Para Kenneth S. Goodman (1982, p. 21), a inferência é um meio poderoso, na alfabetização, pelo qual as pessoas completam a informação disponível utilizando o conhecimento conceitual e linguístico e os esquemas que já possuem. Mary Kato, entretanto (1986, p. 65), lembra que é necessário ter-se cautela para não acreditar que a leitura bem-sucedida dependa essencialmente desse "jogo psicolinguístico de adivinhação". De fato, em um momento posterior a esta instrumentação para a aquisição da leitura e escrita em que não se conseguiu fazer da criança um bom leitor, esse jogo pode ser caracterizado tanto pelo uso excessivo de estratégias sintéticas como pelo abuso de adivinhações não autorizadas pelo texto. Posso afirmar, porém, que essa predição não deixa de ser eficaz nos primeiros momentos de uma aprendizagem construtiva, já que é uma busca cognitivamente orientada que se apoia na informação prévia que a criança tem do significado da palavra.

12. Como observou Paulo Freire (anotações de orientação), isso era um exercício mas não no sentido deteriorado que a palavra ganhou na atividade escolar. Ele não foi transformado em algo rotineiro, uma rotina burocrática, estafante, embora possuindo a diretividade e movimento orientado que toda prática educativa deve ter.

permitem uma contínua avaliação do progresso das crianças, mas ainda lhe fornecem as informações necessárias para reordenar e adequar o seu planejamento, sugerindo novos conteúdos e atividades. Neste sentido, seria eficaz a correta aplicação do Documento elaborado pela CENP (2011) no seu item II. Este apresenta, como foco das reflexões e práticas pedagógicas, de um lado, "a adoção de um processo de avaliação contínua para que sejam detectadas, o mais cedo possível, as dificuldades dos alunos e, de outro, a implementação de um programa de recuperação também contínua, paralela e intensiva, que propicie novas situações de ensino e de aprendizagem".

Continuando minha exposição, dou outro exemplo, mesmo com o risco de tornar-me cansativa. No caso do mesmo quadrinho que reproduzi acima, as crianças queriam saber por que a família do 'ca' do camelo não estava completa. Algumas foram mesmo preenchendo os quadros vazios da forma que julgavam mais bem "continuar" a sequência: ca, ce, ci, co,... E ficaram intrigadas quando lhes pedi para não fazer isso:

92

> — Intão num tem "que", "qui"?
> — Tem "que", "qui". Mas a gente escreve de outro jeito.

Eram os pedacinhos do 'queijo' e do 'quiabo' e não o 'ce' da 'cebola' ou o 'ci' da 'Cecilia' e do 'cigarro".

93

> — Que nem Lucila!
> — Ah! é das lição mais difíciu pra lá na cartilha, num é?
> — Da cegonha, né?

Percebi que uma e outra criança já tinham tomado a iniciativa de examinar mais para a frente a cartilha, e logo todas a folheavam procurando a cegonha. Falei que um dia chegariam lá e pedi-lhes para voltar ao "quadro das descobertas". Conformaram-se, no momento, a trabalhar com a "família incompleta" do 'ca'.

Mas em um dia próximo, trabalhando com um quadro mais completo em que já entrava o 'sa' do 'sapo' e do 'sapato', logo surgiram novas questões. Algumas delas já eram diretas sobre as diferentes grafias de um mesmo som:[13]

94

— Si a gente fala igual, por que o 'se' di seco num é o 'ce' da cegonha? (*Antônio Carlos*)

— I agora como é que a genti vamus saber? (*Camila*)

— É craro que é treiná, iscrevê bastante no papel di pão. (*Jorge*)

— Vão (vamu) jogá o bingo[14] dessas palavra (sapo e cegonha) na sexta feira? (*André Luís*)

A classe vibrou com a proposta do André. As crianças viam no jogo do bingo um desafio para aprenderem palavras novas. Por isso, ganhando o máximo de tempo possível para fazer os exercícios preparatórios indispensáveis, acabei por alterar a sequência das lições e a antecipar os

---

13. As crianças já tinham uma experiência a respeito de diferentes grafias para um mesmo som. Ainda no brinquedo dos nomes próprios tinham ficado intrigadas com as grafias da Karina e da Camila:

— O "C" é o "ce" da Camila.

— E a letra da Karina como chama?

Eu tinha localizado no alfabeto a letra "k", dizendo que não era muito usada, mas o Nilson tinha advertido:

— É, mais eu vi isso lá na feira no "kilo".

14. No "jogo do bingo", as crianças dobravam uma folha em dezesseis quadradinhos, onde escreviam palavras que apresentavam dificuldades e que já haviam estudado, à medida que eu as ia ditando. Aí o bingo seguia, com o anúncio de uma palavra por vez, ganhando quem assinalasse primeiro uma sequência de quatro palavras. Quem batia o bingo ia para a lousa para a avaliação de seus acertos por parte dos colegas.

Aproveito para voltar a um tópico já comentado: a simplicidade dos materiais. Esse "papel de pão" que aparece várias vezes na fala das crianças vem do fato de eu ter pedido que escrevessem palavras em qualquer papel que encontrassem e as crianças escolheram o papel de pão, que se tornou o símbolo de seus exercícios em casa.

jogos em que entrasse a desejada "cegonha". Assim, procurava sempre dar espaço à iniciativa das crianças, sem descuidar da ordenação sistemática das matérias segundo uma hierarquia prévia de dificuldades.

Para mostrar como os jogos e atividades contribuíam para levar a distinções sempre mais finas e a automatizar os procedimentos da escrita, trago outro exemplo das estratégias usadas. Costumávamos recortar, de jornais e revistas, letras e conjuntos de sílabas: ao lado da forma manuscrita,[15] as crianças tinham acesso a diferentes formas gráficas impressas, maiúsculas e minúsculas. Essa multiplicação de formatos obrigava certamente a novas hipóteses das crianças na identificação dos traços distintivos relevantes e na neutralização de diferenças não relevantes para o uso comunicativo e significativo da escrita.

O importante era sempre transformar esse material em objetos de uma atividade construtiva. Com eles, as crianças compunham o "mural" da classe e construíam seus próprios cartazes. Eu estava sempre atenta para as múltiplas observações que faziam nesses trabalhos em colaboração. Isto ocorreu numa das primeiras vezes em que fizemos esta atividade, no início do ano:

95

---

a. — Oi, Reinaldo! Você colô o "U" de ponta cabeça. Isso num existe.
— Iiiii! qui qui eu faço agora?
— Por que ocê num fecha imbaixo, qui fica o "O"?
b. — Eu num sei u qui qui é isso que eu achei?
(*O Gustavo tinha achado um "A" sem a barrinha horizontal. Arrumei uma, e coloquei-a para ele. Então exclamou vitorioso:*)
— Bem qui eu vi qui tava faltano uma coisa nessi "A".
c. — Eu sempri mi atrapalho co'a barriga do "b" e cum o bumbum do "d".

---

15. As crianças foram expostas tanto às letras de forma quanto às cursivas. Na leitura da cartilha, na leitura de textos escritos na lousa ou ainda na leitura de cartazes, era a letra de forma que predominava. Entretanto, desde o início, a criança foi acostumada a ler em letra de forma mas a escrever em letra cursiva. No começo, precisava orientar mais os alunos, mas logo começaram a transcrever naturalmente da letra de forma para a manuscrita. Optei por este tipo de letra porque a escola a usa em todas as séries e apesar do *script* ser o tipo mais indicado para alfabetização não senti dificuldade alguma por parte das crianças no uso da cursiva.

PEDAGOGIA DO ALFABETIZAR LETRANDO

Até aqui, estou sempre insistindo na importância desse trabalho dialogado e partilhado, no trabalho conjunto da alfabetização e letramento. Ele tem um papel especial, não somente porque, do ponto de vista psicológico, se atende ao objetivo educacional de estimular os comportamentos sociais e não egocentrados, mas ainda pelo caráter convencional do sistema gráfico. Explico-me melhor: um sistema de convenções é sempre uma construção social e coletiva. Para que uma convenção se fixe não basta que alguém, a Lucila, descubra o que julga ser relevante para a significação (um traço distintivo qualquer). Mas é preciso que ela saiba que o outro, o Gustavo, também sabe. E o Gustavo precisa saber que a Lucila sabe que ele sabe. E a Lucila precisa saber que o Gustavo sabe que a Lucila sabe que ele sabe. E assim por diante.

A formação desses processos replicativos, que constituem o conhecimento partilhado, dependem radicalmente do diálogo, da discussão, da réplica, da correção, enfim, da negociação e do ajuste recíprocos, da coordenação das ações individuais, sobretudo as que se fazem na linguagem e pela linguagem. Além disso, a escrita das crianças tem que ser sujeita a esse teste de compreensão mútua, onde somente é possível (salvo a duvidosa suposição de uma "linguagem privada") a construção da significação. Desde a escrita das primeiras letras e sílabas (no trabalho de instrumentação) até aos primeiros textos, a escrita tem que entrar nesse jogo de permuta: a criança escreve para comunicar, ser lida e compreendida. Como disse anteriormente, a escrita precisa ser ensinada como uma atividade social e "relevante à vida" (Vygotsky, 2001).

Não estou recusando, em princípio, a possibilidade de a criança, de vez em quando, fazer de conta que conta uma história ou compõe um texto, embora não se torne inteligível por não dominar ainda as estruturas complexas necessárias do sistema gráfico. Sabe-se como esse "faz de conta" tem importância na formação das intenções de escrita, mais ou menos como as pequenas garatujas de seus grafismos na fase pré-silábica. Quero, entretanto, insistir que, dadas as características próprias da formação das convenções para efeitos comunicativos, são as escritas intercambiáveis e reciprocamente inteligíveis entre as crianças que possuem o papel decisivo na aquisição da linguagem escrita. Daí a importância de instrumentá-las, com um trabalho persistente e sistemático, para o mais rapidamente possível chegar à escrita comunicativa. Desde o final do primeiro semestre, observei que o aluno adquiria cada vez mais confiança e estímulo para não somente pensar as sentenças mas para se aventurar sozinho em escrevê-las.

Isso lhes abria a aventura maravilhosa de comunicar-se uns com os outros por escrito. Quando percebi que algumas das crianças já mandavam bilhetinhos para os colegas, resolvi (ao contrário do habitual nas salas de aula) estimular esse comportamento. Sempre que podia, recolhia esses bilhetes e valorizava-os, lendo-os em voz alta para a classe:

96

> "Karina. Você comigo tomá lanchi só comigo? tá"

Assim a Camila manifestava sua predileção e ciúmes pela Karina.

97

> Veji como sai fumaça da minha boca parece qui eu to fumandu.

Do Nilso (o garoto dos "tocos de cigarro") para o Gabriel, em uma manhã mais fria.

98

> Jean
> já já um instante vou ti ajudá

Da Miriam para o Jean, que sempre se atrasava nas lições.

99

> Eu vi o Joge chupando chupeta na casa
> ca ca ca...

De algum menino provocando o Jorge.

Quando percebia que o bilhetinho podia desagradar um colega, eu fazia somente uma leitura sussurrada bem no ouvido da criança. Ela devia perceber que, embora comunicasse o que sentia, sua manifestação poderia não ser bem recebida. O exemplo abaixo mostra um recado do Gabriel para o Jorge, a respeito da Karina, com a resposta contrária do Jorge. Ler alto esse bilhete seria irritar muito a menina, que já se tinha manifestado contra "as porcarias" que os meninos andavam falando dela.

100

> a. — A Karina é manhosa i fresca
> b. — Eu vou namora cum ela ela é bonita ta cum inveja?

Fosse como fosse, essa atividade espontânea mostrava aos alunos como poderiam incorporar a escrita a suas experiências sociais e comunicar-se com os outros. A vontade de escrever, porém, esbarrava muitas vezes nas dificuldades ortográficas, pois começara antes de uma completa instrumentação. Como não se tinham transformado os bilhetinhos em coisa escusa e negativa, eu era constantemente solicitada a ajudá-los na redação:

101

> — Escreve 'cumigo' na losa.
> — 'Fumaça' é cum 'sa' do 'passarinho', o cum 'ça' da 'onça'?
> — Como iscreve 'instante'?
> — 'Chupeta' e 'chupano'... É co 'chu' do cachorro ou cum xis?
> — Iscreve 'manhoso' pra mim.

"Karina você comigo temá landi só comigo ? tá "
camila

veji como sai fumaça da minha boca pareci qui eu to fumandu

Nilso

Já já Dean um instante vou ti ajuda

Miriam

Eu vi o Jorge chupando chupeta na casa ca Ca Ca.

A Karina é manhosa i fresca

Jorge

Eu vou namora cum ela ela e bonita ta cum inveja ?

Gabriel

Atendia de pronto a solicitação das crianças, colocando a palavra na lousa, sem perguntar por que e sem descer a explicações da grafia. Sabia que estavam muito mais interessadas na construção de suas expressões do que em grafar corretamente as palavras. Mas não é de admirar que as crianças quisessem escrever "certo": em uma atividade social, em que se trocam experiências e conhecimento é que se desenvolvem os aspectos convencionais desse intercâmbio e a consciência de atividade regrada que é a linguagem.

3. Individualização do ensino

Quero fazer um pequeno intervalo, neste parágrafo, para refletir sobre uma questão que ficou em aberto. Temos insistido na característica social e partilhada da aquisição de todo conhecimento e isso pode levar a pensar que estou excluindo o acompanhamento individual e, mesmo, o trabalho individual dos alunos. A verdade, porém, é que uma contraposição absoluta entre o individual e o social, como se os termos se excluíssem, não é somente inconveniente mas, ainda, não sustentável teoricamente.[16]

Pode-se dizer que o trabalho individual e social se compõe, harmonicamente, de três diferentes modos, na busca dos objetivos educacionais e pedagógicos. Começo pelo primeiro. Já me referi, no capítulo anterior, a uma série de diferenças individuais mais diretamente relacionadas com o processo de aquisição da linguagem escrita. Mas as crianças também diferem em muitos outros aspectos. Cada uma já tem sua história pessoal, seus problemas e hábitos. Há os mais tímidos e os mais afoitos. Os mais espertos e os mais lentos. Os mais interessados e os distraídos. Os mais dispostos e os que parecem preguiçosos.

---

16. Muitas passagens deste item me vieram de J. Piaget, em seu "Méthodes pédagogiques et fins culturelles" (particularmente o capítulo II, "Examen des méthodes nouvelles"), publicado na *Enciclopédie Française*, tomo XV; "Education et Instruction", 2ª parte (em tradução mimeografada feita pela professora M. A. Rodrigues Cintra).

Essas diferenças individuais podem dificultar o processo cooperativo e as trocas sociais necessárias à construção do conhecimento e à formação das convenções. Como observa Piaget, "a objetividade não supõe apenas o acordo com a experiência, mas o acordo dos espíritos, ou antes, é unicamente pela crítica mútua e pela coordenação das perspectivas que o espírito ultrapassa a experiência imediata, na qual ele projeta sua subjetividade, para construir a experiência real e objetiva". Mas as diferenças são minimizadas, de um modo muito mais eficaz e direto do que a intervenção do professor, pela própria reunião em conjunto das crianças, em um trabalho comum.

Não que se devam apagar as diferenças. Os líderes, os pequenos chefes de grupo, como o Jorge, o Antônio Carlos, a Camila, a Míriam, continuavam liderando, palpitando mais alto. Outros, com menor ruído, estavam sempre dispostos a ajudar o colega, como a Karina e o Nilso. Outros, mais silenciosamente, faziam sua parte no grupo, embora às vezes empurrados pelos coleguinhas, como o Jean, o José Roberto. Assim, o trabalho de grupo não é uma rotina, mas um permanente esforço de ajustamento e harmonização das individualidades. E justamente nesse esforço para conciliar a personalidade individual e a cooperação conjunta que está o encanto da atividade social.

Sobre um segundo aspecto desse problema, basta escrever um parágrafo: se é com os outros que se constituem o conhecimento e as convenções, é também em relação aos outros que cada um se constitui diferencialmente como sujeito. O que se constrói na convivência e na permuta, logo é apropriado como fonte de um enriquecimento individual: um processo de contínua apropriação e assimilação do trabalho social para a eficácia das operações pessoais mais íntimas, da reflexão e da expressão. Não é à toa que a linguagem, que não se pode conceber senão como uma atividade histórica e coletiva, se torna logo o modo mais apropriado da expressão pessoal e individual.

Enfim, um terceiro aspecto bem prático. A permuta de experiência durante o processo de aquisição da escrita, não pode esconder o que ela tem de exercício individual, de habilidades motoras, de "mecanização" de movimentos. O professor não pode um só momento

PEDAGOGIA DO ALFABETIZAR LETRANDO 133

descuidar-se disso. Em quase todas as aulas, havia momentos em que as crianças ou em grupo na lousa, ou em suas carteiras incômodas, tinham que esticar-se ou debruçar-se para cumprir pequenas tarefas. Ou mesmo durante os jogos, havia sempre alguém responsável por uma ação particular. Durante todo esse tempo, o tempo todo, eu tinha que estar girando entre elas, orientado uma, atendendo outra, pegando nas mãos de uma terceira para ajudá-la em um movimento mais novo, traçando no ar ou na lousa o perímetro das letras para ajudar um esquecido, preparando algumas tarefas de reforço individual conforme a avaliação que fazia de cada uma: eram as atividades técnicas do aprendizado da escrita-alfabetização. Não há método que substitua o constante e contínuo trabalho dedicado do professor nesta atividade.

Existe, portanto, a necessidade de acompanhar cada uma das crianças para que se habituem a traçar cada letra, de modo mais conveniente para uma escrita fluente e sucessiva. O traçado "correto", nesse caso, é o traçado que mais lhe facilite os movimentos da escrita contínua. Concomitantemente, a necessidade de estar disponível para o encontro de uma palavra, para orientar uma transformação na frase, para coordenar a manifestação das opções na construção do texto: atividades molduradas pelo estímulo positivo para uso social da escrita-letramento.

Assim, enquanto as crianças trocam entre si as mais variadas experiências, o professor está trabalhando o tempo inteiro na observação das peculiaridades, no acompanhamento das dificuldades de cada uma, na avaliação de seu desenvolvimento pessoal, até para ter a oportunidade de fazer a cada um de seus alunos, nos momentos apropriados, aquele pequeno gesto que o distingue e o aproxime. Tem hora de um pito particular, tem hora de um carinho de estímulo, tem hora de um sorriso de apoio, tem hora em que basta cruzar os olhos, tem hora de pegar na mão, de ajudar a dobrar uma folha, de apontar um lápis.

Por isso tudo é que o trabalho em conjunto, em uma interação social rica, não se opõe à individualização do ensino. Ambos, trabalho em equipe e trabalho individual, atenção social e atenção individual,

134 EGLÊ FRANCHI

se completam na formação da personalidade, na constituição do sujeito e na construção e apropriação do conhecimento. Isto é ainda mais óbvio quando se trata de linguagem e da aquisição da escrita.

4. Lidando com a modalidade coloquial das crianças

Atividades que introduziam as crianças em um vocabulário mais rico eram apresentadas sem que parecessem "coisa de escola". Com vários dias de antecedência à lição do "camelo", da cartilha, as crianças tinham brincado com o periquito da escola. Era em uma cuia de coco que ele bebia água. Nesse caso não fizemos mais que observar e conversar sobre o periquito e sua cuia, porque era uma avezinha de estimação da diretora em que as crianças não poderiam mexer. Outro dia, as crianças tinham brincado de "instrumentos de música". Eu tinha arrumado uma cuíca, emprestada por um grupo carnavalesco do distrito a que pertencia a escola. Desta vez, os alunos se divertiram atritando a varinha e ouvindo as variações do ronco da cuíca. De qualquer modo, emas e macas, moelas e atas, caducos e cucos, cuias e cuícas, cujo aparecimento como objeto de mero exercício gráfico merece a crítica correta de um ensino desligado da realidade das crianças, iam entrando em suas vidas e conversas, antes de se fazerem "palavras escritas".

Esse era o grande papel da atividade oral no processo que adotava para alfabetizá-las: cada forma escrita tinha que sair de uma necessidade brotada nas brincadeiras, observações e diálogos. Eu procurava tornar compatíveis, desse modo, o uso de algumas formas de análise e combinatórias mais simples para elas, com o pressuposto de não usá-las sem que se integrassem em um processo comunicativo e significativo. E foi bem cedo, jogando no "quadro das descobertas", que o jogo com a palavra "cuíca", como logo veremos, me colocou diante do problema da correspondência entre as formas da modalidade coloquial das crianças e as formas gráficas. Embora as crianças (vejam o item 2, nota 13, deste capítulo) já se tivessem perturbado com

PEDAGOGIA DO ALFABETIZAR LETRANDO

o 'ka' da Karina e o 'ca' da Camila, com o 'se' de seco e o 'ce' da cegonha, foram os fatos da variação que fizeram explodir nas crianças a hipótese da não correspondência entre fala e grafia.

4.1

As crianças do grupo da Camila procuravam palavras, no "quadro das descobertas", envolvendo a família silábica do "ca":

102

> — É, mais aqui num tem acento como você pois onti na losa. (*Camila, falando das vogais para formar "cuíca".*)
>
> — Mais ói comu eu iscrevi. (*A Flavinha mostra para mim o acento na palavra "cuíca" que escrevera no caderno.*)
>
> — Si eu tirá o "i" fica "cuca". (*A Karina, batendo em sua cabecinha.*)
>
> — I di trais prá frente fica "cacu"... cacu di vidro. (*Gabriel*)
>
> — A genti fala "cacu". Mas vejam como é que eu escrevo...

Lembrando-me de experiência anterior que me mostrara a sensibilidade das crianças para as variações linguísticas (vejam Capítulo 1, item 5.1), eu aproveitava sempre essas oportunidades para mostrar que as crianças podiam falar "cacu", que é assim que, de fato, falavam e todo mundo fala. Mas na forma escrita o que aparecia era mesmo 'caco'.

103

> — Eu possu dizê "cacu" i "caco"? (*Míriam*)
>
> — É. Mais a genti iscreve "caco". (*Fernandinha Silva*)
>
> — É igual aquilo qui você falou otro dia. Qui eu possu falá "buneca" e "boneca". (*Fernanda 1*)

Concordei lembrando-lhe que, na lição da escola, ela ia escrever 'boneca', ao que a Fernandinha retrucou:

104

— Mais im casa eu possu brincá di buneca e iscrevê "buneca", né?

Entre as duas formas, a Fernandinha fazia a sua escolha: sua buneca podia até virar "boneca", na escola, mas, lá em casa, a boneca tinha que ser "buneca", que era a forma com que mais se identificava e identificava sua relação afetiva com a boneca. A norma convencional da escrita não se tornava assim uma violência, mas um relacionamento criativo com a linguagem. O termo pode parecer-lhes forte, mas não encontro outro a não ser "violência": a ruptura que a escola pode provocar pela imposição da norma culta, com um acento desvalorativo do modo próprio de falar das crianças e com o qual elas se identificam e identificam os outros de seu grupo. Isso ocorreu logo no início do trabalho e foi estendendo-se no processo de aprendizagem, sobretudo nas fases mais adiantadas, nos casos em que a correspondência entre fala e escrita ficava mais problemática. As crianças, como que brincando com a linguagem, desencadeavam em coro a prática da novidade recém-descoberta. Eu falava.

— "Bunito" a gente pode também dizer...?

— "Cumida" a gente escreve...?

— "Buneca" equivale a...?

e as crianças completavam com a forma correspondente. Outras vezes, na lousa, bastava escrever com uma flechinha, para as crianças completarem a relação

BUNITO → ...

CUMIDA → ...

BUNECA → ...

As oportunidades para o estabelecimento dessas relações entre a escrita e a fala não faltam. Ao contrário, acompanham todo o processo de alfabetização. É o caso do levantamento das vogais finais. Servia-me do fato de que, embora a pronúncia habitual na região fosse [cavalu], a pronúncia [cavalo] não criava qualquer oposição fonológica nessa posição final e era aceita como possível, sem reação, pela criança:

cavalu → cavalo   sorveti → sorvete

lixu → lixo   genti → gente

tijolu → tijolo   podi → pode

...   ...

Ou quando as crianças "descobriram" a palavra "leitero" e eu descobri que as correções já podem vir de casa:

105

> — Iiii! Num é "leitero". É lei-tei-ro! (*Camila*)

O professor deve fazer então o contrário do que sempre faz. Em vez de entrar no esquema das "correções da fala" ele deve reorientar os alunos de uma questão normativa para uma questão de fato: que é interessante descobrir como as palavras podem ser usadas de modos diferentes pelas pessoas, que a maioria fala "leitero" (como é o caso da modalidade coloquial da região) e alguns preferem "leiteiro"; que, na escrita, é esta última forma que está representada, o que não obriga a gente a falar e mesmo a ler "leiteiro", a não ser quando pretendemos usar uma modalidade mais padrão. Fiz assim, e logo repetíamos a um só coro:

pipoquero → pipoqueiro

verdurero → verdureiro

padero → padeiro

...

Falo de coro porque, no início da alfabetização, era uma atividade sobretudo oral. As crianças tinham descoberto, por exemplo, "leitero", quando ainda não dominavam a escrita de sílabas como 'pa', 'pi', 'po' ou 'que' e 'ver' para escrever todo o paradigma acima e nem sempre dispunham de instrumentação para as palavras que correlacionavam em seus jogos. Mas, com isso, já iam afinando seu ouvido e sua sensibilidade para os inúmeros desencontros entre a modalidade coloquial de sua fala e a modalidade convencional da escrita. Sobretudo, ampliavam o material de fato e as observações pessoais para, por si mesmas, irem construindo novas hipóteses alternativas sobre a escrita que corrigissem a hipótese anterior, mais linear, de uma correspondência inteira entre fala e escrita.

Como essa não correspondência aparece o tempo todo e nas mais variadas circunstâncias, o professor não deve tentar "resolver" todos os problemas em uma só ocasião. O aprendizado de uma nova modalidade deve também respeitar uma certa progressão no tempo, sem um acúmulo de informações que as crianças não possam elaborar de uma só vez. Por exemplo, quando apareceram as famílias fonêmicas com sons nasais — [am], [em], [im]... — surgiu a oportunidade de trabalhar um pouco com as crianças as correlações entre:

imbora → embora

imbaxo → embaxo

intão → então

Ocorriam, porém, ao mesmo tempo outros aspectos, com que não me preocupava no momento, como a correspondência entre "embaxo" e "embaixo". Concentrava-me, cada vez, em um tipo de problema. Somente depois, na ocasião certa em que nos ocupávamos do emprego de "x" nos segmentos '...vogal + i + x + vogal' em pares como:

caxa → caixa

pexe → peixe

dexe eu sair → deixe eu sair,

é que as próprias crianças se recordaram da palavra "embaxo", como a tinham escrito, e quiseram incluí-la na lista.

PEDAGOGIA DO ALFABETIZAR LETRANDO

E assim se foi passando, a cada passo, desde o "cacu" e o "leitero" das primeiras lições até a ditongação de "voiz", de "veiz", de "deiz", da última lição da cartilha. Com o cuidado de considerar essas grafias como uma hipótese de representação tão adequada quanto as convenções que presidem ao nosso sistema gráfico, levando as crianças a compará-las e a compreender o valor social relativo de cada uma.

4.2

O processo de alfabetização não se limitou, pois, a um exercício de "grafias": foi sempre um espaço aberto para as crianças atuarem epilinguisticamente[17] sobre sua própria linguagem e sobre as formas socializadas de sua representação. Os alunos começaram logo a dar-se conta da arbitrariedade desses sistemas e da não biunivocidade entre a fala e a escrita. Percebiam mais e mais assimetrias, como letras que representavam diferentes sons (extensão, peixe, fixo); sons com mais de uma representação gráfica (Camila, Karina, pipoqueiro; cigarro, sol, pássaro); letras com realização fônica nula (homem, habitação); sobretudo diferenças entre a realização de uma palavra em sua modalidade oral e a correspondente forma escrita (embaixo/embaxo, vez/veiz, trouxe/truxe, truxe).

Perceber-se e dar-se conta são termos pouco apropriados. Na verdade, as crianças elaboravam e construíam essas diferenças como novo tipo de conhecimento partilhado. A Karina se desconsolava:

---

17. Por atividade epilinguística, refiro-me à atividade que toma a própria linguagem como objeto de reflexão e de operações transformadoras, distinguindo-a, entretanto, da atividade metalinguística que consiste na descrição (em uma linguagem técnica) dos fenômenos da linguagem. Veja-se C. Franchi (2006, p. 97).

106

> — Agora sim! "Peixe" é com "x" i "explosão" qui eu pensei qui fosse cum "s" de "escola" tamein é cum "x".
>
> (*E o Jorge, colocando as duas mãos na cabeça, comentou alto:*)
>
> — Iiiii! Isso é muito difíciu. Agora qui eu consigui lembrá qui "cigarro" é cum "c" i "sino" é cum "s" di sapato, vem mais coisa ainda prá guardá nessa cabeça. Assim ela vai istorá!
>
> (*O Cristiano não concordou e entrou no diálogo:*)
>
> — Ah vá! Prá guardá é fácil. Iscreve umas veiz no papel di pão.
>
> — Umas veiz não. Eu preciso iscrevê um montão. Eu sô burro.
>
> — Burro nada. Você até já ganhô o bingo.
>
> — É. Mais era fácil. Da letra qui iscreve i num fala.
>
> (*Referindo-se ao jogo sobre a lição do "homem".*)

As próprias crianças, como se vê, sabiam que não bastava descobrir as coisas: era preciso muito exercício. Normalmente, eu solicitava (levava a fazer, sem obrigar) que as crianças escrevessem algumas vezes as palavras que lhes causavam problemas no que a gente chamava de "bloco das dúvidas". Quando os alunos já se sentiam seguros quanto à escrita da palavra, não escreviam. Mas nunca houve ninguém que não escrevesse: os alunos gostavam (ao contrário do que se pensa às vezes) desse exercício repetitivo de escrita, como se quisessem praticar a habilidade recém-conquistada. Acho mesmo que eu poderia relacionar esta atividade ao que diz Piaget sobre as extensões ativas de uma prática adquirida: são "jogos práticos" semelhantes àqueles que ocorrem logo após a criança ter adquirido a capacidade de correr, pular ou saltar. Correspondem também a certos jogos epilinguísticos que a criança faz quando adquire certas estruturas linguísticas e as fica depois experimentando sozinha.

Embora cada uma dessas palavras difíceis, cuja escrita já haviam dominado, já tivesse sido objeto de um trabalho real de linguagem e contextualizada (como já vimos), esses exercícios, as crianças os faziam sem outra finalidade que a de vê-los escritos, pouco importando nesse momento o que significavam: o que era de seu agrado era o fato de sentir que podiam grafar sozinhas certas palavras, sem precisar pedir-me qualquer ajuda. Era o prazer de ver sua prática funcionar.

O papel desses exercícios de escrita não pode ser subestimado. O conhecimento, por exemplo, da forma gráfica de 'explicar', 'faxina', 'trouxe', com esse esquisito 'x' em vez de 's', 'ch' ou 'c', só pode ser adquirido pela familiaridade com a imagem escrita dessas palavras. As crianças sabiam muito bem do valor do treinamento "iscreve uma veiz no papel di pão" ou "essa pricisa ir pro broco das dificuldadi". As palavras difíceis tinham seu próprio encanto: além do próprio prazer da escrita (até da cópia) as crianças viam nela um desafio, inclusive para o jogo do bingo que elas consideravam divertido e inteligente.

Reconheciam, pois, que, para aprenderem determinadas palavras, só mesmo repetindo algumas vezes sua escrita e brincando com elas em diferentes contextos. Nisso apareciam as diferenças de cada uma na rapidez da aprendizagem, que eu tratava como coisa natural, estimulando as crianças a uma autoavaliação: cada um sabia quando treinar mais ou treinar menos. E pude observar até um certo entusiasmo que as crianças colocavam nesses exercícios. Mais uma vez valeria a pena o professor (e sobretudo certos teorizantes) não colocar, em um mesmo plano, a condenação (correta) de uma alfabetização puramente mecânica e a condenação (equivocada) de todo trabalho de fixação das práticas mediante um treinamento sistemático, e a não medir o prazer das crianças pelo próprio gosto.

5. Lidando com os diferentes tipos de desvios

O processo de instrumentação das crianças não ultrapassou o período habitual. Os resultados, sem serem surpreendentes, foram os esperados. Pudemos observar que as crianças, já no início de setembro, estavam bastante seguras em relação à escrita: já haviam terminado a cartilha e começavam a ler qualquer coisa que lhes caísse às mãos. Tal segurança as animava a se aventurarem pelos primeiros textos escritos mais espontâneos. E isso porque se sentiam instrumentadas para a transcrição de expressões significativas para si próprias e para as outras. Antecipando uma discussão que farei mais adiante, é bom notar que as crianças estavam já bem conscientes de que a linguagem não é um jogo particular de "faz de conta", mas uma atividade que supõe vários níveis de coordenação com os outros e a adoção de convenções comuns, comunicativas. No avanço conceitual das crianças em relação à escrita esse é um passo fundamental.

Isso não significa que não aparecessem problemas de escrita. Ao contrário da leitura, feita a partir de textos que já impõem seus próprios parâmetros de regularidade e normatividade, na escrita de suas composições espontâneas tinham que tomar como base, ainda privilegiada, a modalidade oral de sua linguagem. Reapareciam, portanto, as consequências da discrepância desta com a linguagem escrita.

As crianças podiam ler bastante bem "aniversário", "amarelo", "programa", "correndo", "mendigo", "voar", "bravo", "bloco". Mas ao escreverem, deixavam logo refletir sua linguagem. Não era, por isso, raro encontrar nos bilhetes e nas primeiras composições escritas: 'niversaro', 'marelo', 'pograma', 'correno', 'mindingo', 'avoar', 'bravo', 'broco'. Palavras assim alternavam com formas gráficas convencionais, porque muitas já haviam sido trabalhadas antes. E isso oferecia novas oportunidades para discutir as diferenças entre a escrita e a fala e a trabalhar novamente as convenções gráficas. Algumas vezes, a palavra era tratada como um acontecimento isolado (bravo/brabo), constituindo mais uma questão lexical. Outras, quando formavam um paradigma — marelo/amarelo, niversaro/aniversário, bobra/abóbora; cortá/cortar, cheirá/cheirar, mexê/mexer etc. —, aconselhavam uma revisão em conjunto e mais sistemática. De novo: os processos da alfabetização e letramento, supõem uma paciência persistente.

Um cuidado importante a tomar, no caso desses e outros desvios em relação à convenção gráfica ou à norma urbana de prestígio, é que cada um seja tratado com as estratégias adequadas à fonte do problema. Há os que decorrem de diferenças entre fala e escrita, de caráter puramente fonético (como os de ditongação e supressão de ditongos ou levantamento de vogais — 'tamein', 'vassora', 'leitero', 'tumati', 'imbora',...) ou envolvendo, além disso, aspectos morfológicos ('falô', 'fumo', 'escrevê',...); há os que derivam exclusivamente dos aspectos conven-

PEDAGOGIA DO ALFABETIZAR LETRANDO

cionais do sistema gráfico ('bluza', 'páçaro', 'pasarinho', 'caxorro', 'estensão', 'chalé'...). Começo por esta última classe de disgrafias.[18]

Neste caso, o tratamento da questão supõe variado e repetido acesso às formas gráficas e exercícios de fixação que a imaginação do professor pode multiplicar segundo condições de manutenção do interesse e prazer dos alunos: aquilo que eu já chamei de "familiaridade" com as formas. Sobretudo, deve o professor ter em mente que esse tipo de disgrafias depende muito da maior ou menor probabilidade de acesso à escrita de diferentes e múltiplas palavras: o trabalho deverá estender-se, por isso, muito além do 1º e 2º ano, dependendo do cuidado paciente em todo o ciclo I. (O que me obriga a advertir contra o absurdo das avaliações globais do aproveitamento do aluno, sem considerar esse trabalho gradual, efetivamente realizado, sobre formas ou paradigmas de formas. De novo elogio o Documento da CENP (2011), citado no item 2 deste capítulo que, insisto, se bem entendido e aplicado pelos professores, trará grande melhoria para o ensino.)

Nesses casos, não há concessões possíveis: [cachorro] se escreve 'cachorro', e essa é a forma que pode aparecer. Os cuidados do professor podem ser resumidos nos seguintes passos:

— o preparo cuidadoso das aulas e uma atenção contínua às atividades em curso, para antecipar-se aos alunos, escrevendo na lousa a palavra na forma convencional e acompanhando os alunos nas carteiras para levá-los a fazê-lo em suas escritas;

— o desenvolvimento conceitual a que nos referimos anteriormente: a criança deve ter percebido o valor das convenções na interação comunicativa (como vimos: gostar de escrever "certo") e deve ter consciência de suas próprias dificuldades e do valor da instrumentação;

— a criação de um ambiente interacional bem "à vontade" para que os alunos nunca se acanhem de perguntar o tempo inteiro "como iscrévi?" ou "iscrévi pra mim na lousa", quando eles

---

18. Uso o termo disgrafia no sentido mais geral de desvios de grafia, sem nenhuma referência ao uso específico desse termo na patologia da linguagem.

estão se aventurando sozinhos na construção de um pequeno texto; revejam o caso dos bilhetinhos (exemplo 101);

— a criação de oportunidades variadas para as crianças recontextualizarem as palavras já estudadas, para exercícios de reescrita (fazer "reaparecerem" as oportunidades de uso das palavras "difíceis");

— exercícios sistemáticos sobre paradigmas de formas que dependam de certos aspectos morfológicos ('beleza', 'pobreza',... 'andaram', 'comeram',... 'manhoso', 'estudioso'...); preciso insistir em que as crianças são particularmente sensíveis a esses aspectos morfológicos de sua língua;[19]

---

19. Servi-me com bastante proveito não somente de Kato (1978), como de material não publicado, gentilmente cedido por ela. O material me ajudou a explorar, com as crianças, os conjuntos paradigmáticos sobre os quais podiam construir hipóteses sobre a regularidade na escrita. Tratava-se de exercícios explorando propriedades distribucionais da linguagem, desde os mais simples (levando à construção de palavras), como alguns mais complexos, conjugados a aspectos morfológicos. O leitor pode multiplicar esses exercícios a partir de alguns exemplos.

Quando a oportunidade se oferecia, colocava na lousa uma palavra, ou fragmento de palavra, ou mesmo de orações, que as crianças completavam:

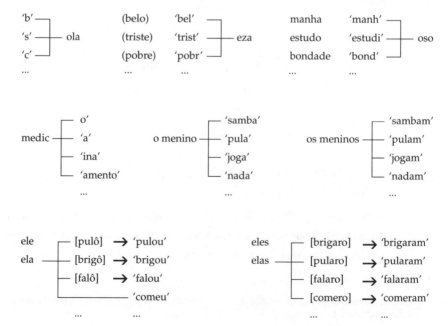

— o cuidado de avaliar as crianças exclusivamente pelas palavrinhas a que já tiveram acesso (o que me obriga a advertir contra o absurdo das avaliações globais do aproveitamento do aluno, sem considerar esse trabalho minucioso, efetivamente realizado, sobre formas ou paradigmas de formas).

Tudo isto já foi muito repetido em diferentes estudos, mas valem dois exemplos. Quando as crianças trocavam bilhetinhos, precisavam escrever o que jamais tinham escrito nem lido. Lembrem-se do problema da Míriam com a palavra "instante", do Nilson com a palavra "fumaça", do Gabriel com a palavra "manhosa", de um menino com as palavras "chupeta" e "chupando". São inúmeras as palavras que se vão introduzindo a pouco e pouco já sem meu apoio direto e sem a baliza de algumas das lições da cartilha. E, nesses casos, as crianças devem estar muito à vontade para perguntar — "como é qui iscreve?" — e têm todo o direito de experimentar uma forma gráfica que o professor atento vai levando a comparar com as formas gráficas dicionarizadas. E não podem ser avaliadas negativamente pela virtude de arriscar-se a escrevê-las. Não é, pois, o caso de "corrigir" no sentido punitivo do termo ou de avaliar os alunos por "erros" que não são erros de grafia (enquanto violação de regras sistemáticas), mas somente "erros" enquanto necessidade de ajuste à arbitrariedade das convenções.

Os primeiros textos escritos, além disso, ultrapassam os exercícios sistemáticos em outro sentido. As cartilhas privilegiam, talvez por razões de facilitar a ilustração, palavras que são nomes de objetos. Entretanto, em suas primeiras frases escritas, aparecem inúmeras formas verbais com dificuldades próprias. De repente, a criança precisa de palavras como "espremer" ou "ficasse", como na composição sobre a borboleta que relatarei no capítulo seguinte, em que a Míriam queria escrever:

O trabalho com essas regularidades leva as crianças a um (como) "sentimento da forma", à habituação com uma configuração "normal". Eu peguei, um dia, uma expressão significativa do Antônio Carlos: "— Falá eu falo 'ismola', mais é isquisito iscrevê ismola, né?"

— ...queria pegar ela e espremer bem até que ficasse morta.

ou de "(es)tivesse" e "acariciar", como na escrita do Daniel:

— queria que ela tivesse na minha carteira para acariciá-la...

Esses casos vão certamente estender-se até o fim do Ciclo I, com maior ou menor frequência, dependendo, de um lado, de como a própria professora estimule a criatividade e, por outro lado, da atenção e cuidado do próprio aluno. Pode-se até refinar a classificação ampla das disgrafias que envolvem somente regras e convenções do sistema gráfico, levando em conta critérios mais finos e particulares: casos de fonemas com mais de uma representação gráfica, casos de letras com mais de uma realização fonêmica, casos de fonemas sem representação gráfica, casos de letras sem realização fônica, casos de dígrafos etc. Mas o aspecto fundamental que deve orientar a priorização no tratamento em classe é a distinção entre questões de grafia que envolvem uma diferente realização fônica e questões de grafia que não envolvem essa diferença. É claro que as primeiras podem implicar dificuldades de codificação e decodificação (na medida em que a grafia pode corresponder a outra expressão oral que não a esperada) e causar distorções no objetivo prioritário de comunicabilidade do texto escrito pelas crianças.

Passo agora à outra classe de desvios. Quando a criança escreve "tivesse" por "estivesse", "tumati" por "tomate", "arrumá" por "arrumar", "broco" por "bloco", "otra" por "outra" etc. não se trata obviamente de "erro" de grafia: trata-se da manutenção da hipótese de uma correlação estreita entre a fala e a escrita, base transitória do processo de alfabetização; supõe um diferente tipo de trabalho e de aprendizado: o de uma outra modalidade de linguagem, escolar e mais formal. Alguns desses desvios (claro: em relação à norma urbana de prestígio) são menos estigmatizados do ponto de vista regional ou social, por estarem amplamente difundidos na linguagem oral mesmo das classes mais favorecidas. É o caso do levantamento das vogais finais, supressão do /r/ final, sobretudo nas formas verbais infinitivas, e mesmo a supressão da semivogal em certos ditongos — "padero", "leitero". Outros, porém, são fortemente discriminados e funcionam

PEDAGOGIA DO ALFABETIZAR LETRANDO

como identificadores das classes desfavorecidas, como a permuta do /l/ pelo /r/ em "broco", "crasse", "argodão"; a aférese ou epêntese de elementos iniciais como "marelo", "godão", "avoar", "amarrom".

O mais importante é, no caso, abrir desde cedo a discussão em classe sobre as diferentes modalidades e tornar consciente, nas crianças, a função social dessas diferenças. E como as crianças logo entendem isso! Rapidamente, conseguem estabelecer correspondências precisas entre essas diferentes formas. Acostumadas a compará-las e a utilizá-las entre diferentes situações (formais e coloquiais) com a mesma naturalidade, dispõem do material de fato necessário para fazer novas hipóteses sobre a natureza da relação entre sua fala e a escrita: conseguem sobretudo detectar um conjunto de relações arbitrárias entre seu modo de falar e a norma base da escrita, ou seja, a norma urbana de prestígio. O professor deve, por isso, cuidar para não deixar afluir, mesmo que involuntariamente, os arraigados preconceitos discriminadores no tratamento dessas formas. Deve, por exemplo, evitar diferenciar como mais graves ou mais evitáveis as formas estigmatizadas socialmente. Não há nenhuma razão para considerar mais natural uma troca de "s" por "z" na grafia da criança — "bluza" — e menos natural e mais seriamente reprimível a grafia "bruza"; ou considerar mais natural, passável, a grafia "blocu" e manifestar maior repulsa à grafia "broco".

Esses desvios não são exclusivos das crianças de nível econômico mais baixo, mas predominam entre elas. O professor deve considerar essa dificuldade acrescida à escrita não como uma dificuldade ou uma deficiência verbal. O seu modo de falar não pode ser visto como uma linguagem socialmente marginalizada, a partir de um enfoque ideológico classista. Trabalhar de modo idêntico a grafia da filha do professor que escreve "bluza" e "blocu" e a grafia da filha do favelado que escreve "bruza" e "brocu" é não compartilhar esse tipo de preconceito de classe.[20]

---

20. Apesar de não me ocupar neste trabalho de uma análise rigorosa do condicionamento de classe social com relação à linguagem, há indiscutivelmente uma conotação ideológica na posição de classe do falante. A propósito veja-se Noelle Bisseret (1979), Gnerre (1985) e C. Franchi (2006).

Capítulo 4
Trabalhando com textos: leitura, construção e reconstrução

Vimos já que as palavras que os alunos reconheciam ou construíam no início dos processos de alfabetização e letramento eram sempre inseridas na situação imediata ou em relatos e relacionadas ao cotidiano. Mesmo as palavras da cartilha eram previamente contextualizadas para assegurar uma "leitura" significativa. A dificuldade ficava maior quando, em vez dos pequenos textos que construíam e eu escrevia para eles, procuravam reconhecer as palavras nos textos da cartilha: ficavam geralmente frustrados, pois a maior parte desses textos eram vazios, construídos sem outro objetivo que o de desenvolver habilidades de decodificação e moldados exclusivamente com propósitos de exercitá-los na fixação de letras. Tinham só a aparência de histórias ou textos.

Se nos preocupamos somente com a adequação do texto às estratégias da alfabetização (em sentido restrito: domínio graduado do sistema gráfico), transformamos os textos em pretexto, excluindo a construção contextualizada do sentido que deve envolver ativamente os pequenos leitores. Com isso, sacrificamos a razão mesma do aprendizado da leitura. Como diz Sara Zimet,[1] precisamos desde logo des-

---

1. Sara Goodman Zimet em *What children read in school*, citada em Bettlheim e Zelan (1984, p. 32).

locar nossa ênfase de uma "leitura para aprender a ler" para a "leitura com significado quando se aprende a ler". E continua observando como "a fantasia e a realidade da vida das crianças são plenas e ricas, comparadas com as cenas e as palavras pálidas dos textos de leitura para principiantes". É um outro modo de chamar a atenção para a contradição persistente no processo da alfabetização: uma linguagem oral rica de recursos expressivos e cheia de vida — uma linguagem escrita restrita e submetida à "lógica" de um aprendizado por etapas.

Assim, por exemplo, o professor, ao adotar uma cartilha enfrentará o desafio de conciliar as exigências aparentemente conflitivas de atender às necessidades de um desenvolvimento gradual da escrita, sem tornar a atividade sobre ela limitada e maçante: tornar a leitura desafiadora, criativa e significativa para os alunos. No que diz respeito aos "textos" da cartilha, a chave está na sua reconstrução ativa pelas próprias crianças. Foi assim, ora substituindo, ora ampliando, ora recompondo as historinhas, que ajustaram os textos a seus interesses e fizeram da leitura uma atividade de recuperação do que elas mesmas haviam produzido. Aliás, toda leitura, mesmo a mais linear e literal, não pode deixar de ser, ao mesmo tempo, um trabalho criativo de construção do sentido, na medida em que cada leitor contextualiza o texto segundo suas próprias condições e intenções.[2]

Um outro modo de reequilibrar as práticas de linguagem — por um lado, necessariamente criativas e constitutivas, por outro, técnicas, no aprendizado da escrita — foi desenvolver, concomitantemente, uma rica atividade oral de elaboração discursiva. Mesmo antes de dominarem o beabá, as crianças já foram postas a elaborar pequenos textos para o seu *Primeiro livro de leitura*, que eram gravados e transcritos por mim. Nesse trabalho, ora individual, ora conjunto, foram desenvol-

---

2. A leitura nunca é um mero processo de "decodificação" de mensagens. Embora envolva o recurso a regras gramaticais do sistema linguístico de que se serve o texto, supõe sempre um processo de contextualização por parte do leitor e processos de inferência a partir do conhecimento e dos esquemas já construídos pelo leitor. Como observa Maria Luiza Canavarros Palma (1984), todos os interlocutores, quem diz ou escreve e quem lê e interpreta, são coprodutores na construção do sentido do texto.

vendo competência textual e descobrindo os padrões da textualidade: a ideia de que o texto se compõe como unidade temática e não como mera soma de frases desconectadas; o uso do texto como lugar não somente de um processo de representação da realidade, mas de reflexão sobre e contraposição das "realidades"; a fruição do texto como um objeto estético, com intenções de graça e beleza, mesmo quando próximo da cotidianidade. Ainda, na medida em que eu reproduzia os seus achados por escrito na lousa, iam concebendo o texto como um objeto gráfico, singularmente composto em seu espaço-fundo. Todos esses aspectos, de coesão e coerência textual, de ações e reflexões, de escolha e estilo, de composição e arranjo, tinham que ser discutidos por todos nesse trabalho de elaboração conjunta.

Essa característica de processo repartido à ação de cada um dava também aos textos seu valor fundamental de interação comunicativa. Se de início, impossibilitados de ler, "liam" como quem só manifesta intenções de leitura, logo cada um pôde arriscar-se com seus próprios textos, e por eles realizar suas próprias ações comunicativas. E dado o interesse e o esforço que punham nisso, suas próprias dificuldades os levavam a querer dominar os aspectos técnicos envolvidos e a desejar, quanto mais cedo possível, alfabetizar-se.

É um truque muito simples: um processo dialético entre a instrumentação e a atividade criativa. Os pequenos ganhos na instrumentação eram logo carreados para a outra e, desta, vinham novos estímulos para o trabalho mais miúdo e sistemático com alfabetos e famílias, que voltavam com novas descobertas para a composição textual. Tudo, sempre em paralelo a uma rica atividade oral, com a multiplicação dos interlocutores, com o diálogo, a escolha e a contradição. Criavam-se, a todo o tempo, os espaços para a elaboração e a criação da criança que se expandia pela oralidade em que todo pequeno escrito se contextualizava. Assim, os textos iniciais da cartilha, após sua reconstrução, se associavam à criança e ao seu mundo, ou voavam com ela pela fantasia a acontecimentos imaginários, abrindo-lhes novas perspectivas, em que integravam cada palavra, mesmo as mais esquisitas da cartilha.

No primeiro item deste capítulo, sem fazer uma descrição da etapa de reconstrução dos textos ou pseudotextos da cartilha, exponho algumas práticas, como a do ditado, que devem ser consideradas na reescrita dos textos.

O segundo item será para a descrição de como foi composto o *Primeiro livro:* em parte com textos iniciais produzidos e selecionados pelas crianças ainda oralmente e também onde foram incluídos poemas e fragmentos literários. Estes tiveram um papel fundamental: o de levarem as crianças à fruição de textos mais cuidados, para além do seu contexto imediato e cotidiano; o de lhes permitir o acesso a diferentes recursos expressivos e modos de representar a realidade, para além de seu universo e de seus hábitos de linguagem; o de integrar, em suas relações mais próximas, outros personagens e autores. Na medida em que Vinicius de Moraes, Mário Quintana e Clarice Lispector conviviam no mesmo livro, lado a lado com os pequenos escritores-alunos, ficava mais fácil essa integração, desmitificando (e desmistificando) o papel do autor e dos textos escritos. Alternando as funções de leitor e autor (de autor-leitor e de leitor-autor) com autores "consagrados", estes eram incluídos na perspectiva das crianças e seus textos incorporavam-se como parte de sua própria prática.

Na terceira parte deste capítulo, serão mostradas as primeiras composições escritas pelos alunos. Pode-se ver o resultado desse trabalho socializado, da construção e reconstrução dos textos em uma perspectiva social e aberta, em uma manifestação mais individual e subjetiva em que os textos se transformam em uma reflexão consigo mesmo e em expressão pessoal.

Talvez não seja demais me repetir: a produção desses primeiros textos se apoiava diretamente sobre a aquisição da "técnica" da representação pela escrita, na medida em que desejavam escrever o que falavam e contavam.[3] Queriam entender o que eles e os coleguinhas

---

3. "Escrever não será (...) uma questão apenas de técnica. (...) O ato de escrever é, primeiro e antes de tudo, a questão do desejo. Ora, o desejo de os outros se reproduzirem em nós, através das palavras, ora o nosso desejo de nos reproduzirmos" (Bernardo, 1985, p. 6).

PEDAGOGIA DO ALFABETIZAR LETRANDO

escreviam; queriam fazer-se entender pelos outros; queriam também jogar o novo jogo da transcrição pelo prazer particular do sucesso no exercício da nova habilidade adquirida. Embora seja fundamental no início do processo a compreensão da escrita como representação da atividade significativa da linguagem, não se pode descartar o interesse e aplicação das crianças que derivam da prática mesma da escrita, como um jogo de transcrição gráfica: para o iniciante, o ditado, por exemplo, poderá ter os encantos de uma atividade lúdica e divertida. E o professor pode explorar esses distintos aspectos da psicologia da criança.

Assim, a atividade de instrumentação das crianças nunca foi uma atividade de pura reprodução e ativação de esquemas prévios dados: foi um trabalho de reconhecimento e de reconstrução em conjunto que se abriu, afinal, para o conhecimento e a construção em um processo criativo e individual.

1. A eficácia e o "encanto" do ditado

No trabalho de reconstrução dos textos da cartilha, cada dia colocava uma produção na lousa para "aprontá-la" para o *Primeiro livro*. Assim, certa vez, um destes textos foi colocado na lousa. As crianças já o haviam decorado, pois tinham trabalhado muito com ele na sua reformulação. Depois da leitura, apaguei e pedi-lhes então que escrevessem o texto no caderno, cada qual à sua maneira, conforme fossem lembrando. As crianças então retrucaram:

107

> — Eu isqueço quandu tem letra grandi. (*Gustavo*)
> — I eu isqueço dos tracinho quandu o meninu fala.
> — I daqueli ponto quando a genti pergunta.
> — Si a genti errá você diz.

A classe ficou mais tranquila quando disse-lhes que iria ditar o texto todo. Aproveitei, então, para rever todos os aspectos de distribuição de espaço e os sinais demarcativos próprios da escrita (pontuação, travessão, parágrafos). Até então, como uma atividade ligada ao "jogo do bingo", somente tínhamos feito ditado de palavras soltas, já "descobertas" pelos alunos, ou que apresentavam dificuldades específicas e tinham sido transportadas para o "bloco das dúvidas". E mesmo um ditado, como trabalho auxiliar, pode ser utilizado com interesse pelos alunos: desde que complemente um trabalho prévio de compreensão e construção do sentido, o ditado não se torna uma mera graficação de palavras ou, pior ainda, de sons produzidos por outros.[4]

Mesmo o trabalho de pontuação já estava bastante simples. Em primeiro lugar, porque já haviam exercitado os sinais apropriados através dos "balões de fala" dos desenhos: uma espécie de transição entre a fala e o texto escrito das crianças. Além disso, porque a demarcação no texto fazia corresponderem unidades que já tinham caracterizado bem em sua fala espontânea, não somente pela entoação e as pausas, mas pela própria troca de personagens nas várias dramatizações. Como já observei antes, as crianças faziam o *script* de suas dramatizações na lousa e nisso haviam treinado bem não somente a "troca" de turnos de um diálogo, mas ainda os sinais de pontuação (final, exclamativo, interrogativo) como índice de seu valor (como diferentes atos de fala) e de sua entoação característica. Há, pois, também, toda uma instrumentação prévia e concomitante sobre esses aspectos do texto escrito. E então, cópia ou ditado tornam-se práticas significativas e desafiadoras para as crianças.

---

4. Estou certamente de acordo com as críticas que se fazem ao uso excessivo do ditado (sobretudo como procedimento de avaliação). Como diz Emilia Ferreiro (1984, p. 3), "a simples graficação de um texto produzido fora de todo contexto significativo e de toda intenção comunicativa não constitui uma situação da escrita real". Não se pode, entretanto, fazer do ditado uma questão de oito ou oitenta: dentre os exercícios de fixação, o ditado, como a cópia e inúmeros pequenos jogos de reconhecimento, têm sua eficácia. O equívoco é confundir um instrumento técnico subsidiário com os processos de alfabetização e letramento que, como vimos, pressupõe a técnica aliada à construção da significação e contextualização da escrita.

PEDAGOGIA DO ALFABETIZAR LETRANDO

Deste modo, com variadas estratégias e procedimentos diversos, íamos reescrevendo e "aprontando" os textos para o *Primeiro livro*.

2. O *Primeiro livro*

As atividades de produção oral de textos[5] que acompanharam todo o processo de aprendizagem da escrita foram sempre muito intensas. Como disse, a proposta de colocá-las em um *Primeiro livro* (que eu comporia graficamente), um livro que seria dos alunos — autores — e para eles lerem, acrescentava um propósito a mais aos seus trabalhos e tornava-os mais excitantes.

Queriam que colocasse em seu livro desde a simples legenda dos desenhos que faziam até o relato dos acontecimentos na sala, a descrição de sua vida, de seus sonhos. Esse material era formado, sobretudo, dos textos construídos quando ainda não dominavam a escrita. Por isso, tudo era transcrito na lousa por mim. Lia o texto para que as crianças pudessem confrontar e sugerir modificações conforme o que tinham falado. As crianças queriam "ler" também, com meu auxílio, embora tudo ainda não passasse de uma "intenção" de leitura. Na verdade, essa "leitura" só era possível porque as crianças, sabendo o conteúdo do que estavam "lendo", se consideravam envolvidas pessoalmente no relato ou história grafados.

A minha ajuda era muito importante para elas: primeiro eu lia realmente o que tinham falado e depois, acompanhando com a régua a sequência, manejava construtivamente sua "leitura" para que não se esquecessem de detalhes importantes. O principal, porém, é que eu não entrava inteiramente no jogo do "faz de conta": transmitia-lhes, com muita clareza, a ideia de que, embora estivessem agindo inteligentemente e com propósitos determinados, não obstante isso, tinham que

---

5. Estou usando o termo texto em um sentido amplo, que abrange não somente o discurso escrito mas também o discurso oral, atualizado em uma dada situação, independentemente de sua extensão.

esforçar-se e trabalhar ainda bastante para obterem o conhecimento real do sistema gráfico necessário a uma leitura compreensiva.

Não que não reconheça a relevância da manifestação das intenções de escrita e de leitura. Mas essa alavanca inicial não basta para mover, permanente e continuamente, as crianças. Muito importante é fazer as crianças sentirem que uma nova aventura lhes pode abrir um mundo novo para sua curiosidade e imaginação, só à medida em que possam ler realmente; a vontade de ler não somente seus escritos, mas também o de seus colegas, da professora, dos outros exigia deles um aprendizado: aprender a ler seu texto e dos outros supõe um acordo e o domínio de certas convenções.

Foi a consciência dessas condições, concomitante ao envolvimento afetivo com seus próprios textos, que possibilitou uma rápida evolução do domínio da técnica. Esta tornava-se motivada, merecedora de um esforço particular e uma atenção redobrada. Logo que avançavam alguns passos nesse domínio, mais bem preparados para a leitura, solicitavam eles mesmos, de vez em quando, a "revisão" de seus primeiros textos. Gostavam de revê-los na lousa. Um dia retomava um, outro dia outro: o autor, a classe e eu transcrevíamos juntos a fala do narrador, atendendo a sugestões de modificação (inclusive de ajuste de sua oralidade à modalidade urbana de prestígio que vinham praticando). Isso parava quando os alunos decidiam que o texto já estava pronto para o *Primeiro livro*.

2.1

Para dar um exemplo desse trabalho coparticipado e de corresponsabilidade, lembro-me que muitas vezes as crianças chamavam a atenção para detalhes que me haviam passado despercebidos. O critério já estabelecido para a ordenação dos textos no *Primeiro livro* era o da ordem alfabética do nome dos autores. Desse modo, o texto do Reinaldo, feito sobre seu desenho, "O salvamento", que contava o heroísmo de um bombeiro (ele próprio), seria seguido do texto do Ricardo, "O incêndio". E o Antônio Carlos levantou a questão:

108

— Comé qui o salvamento vem antis do incêndio?

Embora as duas historinhas tivessem sido feitas independentemente, as crianças resolveram que, nesse caso, tinha que ser mudado o critério de ordenação dos textos, a ordem alfabética, e os textos deveriam ser considerados como uma continuação um do outro.

Esse mesmo respeito às opções das crianças se estendia a aspectos mais diretamente relacionados à linguagem dos textos. Eles protestavam se inadvertidamente eu fazia mudanças ao transcrever os textos e insistiam, particularmente, na fidelidade de reprodução de suas expressões. Queriam, principalmente, manter a fala de suas personagens. Isso me revelava uma sensibilidade precoce a respeito das variações de estilo: era para tornar essas falas adequadas aos efeitos de sentido que intencionavam provocar. A linguagem da escola, para as crianças, desmerecia a fala das personagens: era como se estas perdessem sua identidade. Assim, quando o Adriano gritava:

Socorro! Socorro! Fui robado

era "robado" mesmo que ele queria ver no texto (*Primeiro livro*, p. 213) e não "roubado", como, sem notar, escrevi. Também para o Gustavo sua coca-cola "tava geladinha"; e não na forma que já conhecia, "estava geladinha". Na leitura do texto do Jean, era a classe toda que remedava a fala da macieira:

Qué maçã?

e ninguém aceitava uma transcrição na linguagem da escola, ou seja, na norma urbana de prestígio: "Quer maçã?" E quando a Lucila contava para a classe "A fome do patinho", resistiu a todas as sugestões de mudança da fala do patinho: "Tô cum fome. Vô procurá cumida", cuja entoação a classe toda repetia.

109

— Aí num é "istô cum fomi"? (*Camila*)
— Eli num dissi "istô". É "tô cum fomi".

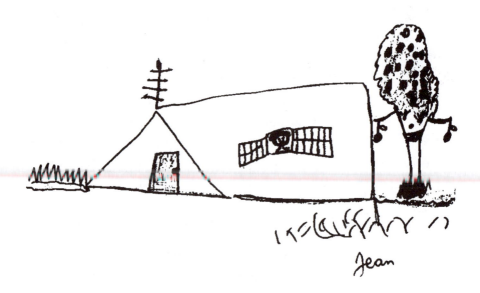

A MACIEIRA FELIZ

A menina olhou pela janela e disse que ia apanhar maçãs. A árvore parece que ficou contente e até ofereceu maçãs para ela.

— Qué maçã?

Jean

A FOME DO PATINHO

    Os patinhos todos estavam nadando num lago, em frente a uma bonita casa. O sol já estava lá em cima e um patinho disse:

— Tô cum fome. Vô procurá cumida!

Lucila

Acabamos por estabelecer um acordo entre nós. As falas das personagens, as crianças decidiam como eu devia transcrever; as partes do narrador, todos cuidaríamos de aproximá-las o quanto possível da convenção da escrita escolar.

Esse ajustamento recíproco abrangia outros aspectos da construção do *Primeiro livro*, chegando até às ilustrações.[6] Quando fomos reler a história do coelhinho "Lili, e suas malandragens", feito por ocasião da Páscoa, surgiu um problema. Sete crianças tinham participado da elaboração do texto, mas todos os alunos fizeram um desenho para ele. Escolheram a ilustração do Cristiano (que não havia participado da elaboração do texto). Mas o texto era grande e o desenho não caberia na mesma folha.

Sempre muito prática, a Míriam sugeriu:

110

> — A genti podi cortá as figurinha i colá no meiu da istória.
> — I vai istragá tudo o desenho? (*Flavinha*)
> — Dá pra recorta sem istragá (*Juninho*)
> (*Nisso, a Karina olhou para mim com arzinho interrogativo e arriscou:*)
> — A Eglê pudia recortá pra nóis com uma tisorinha bem afiada.
> — O quê que o Cristiano acha disso? Posso recortar?
> — I a genti podia tamein pó o nome do Cristiano. Eli num feiz a istorinha mais feiz o desenho. (*Daniel*)
> — Podi recortá essa última parti do desenhu qui até já tem o nomi deli. (*Gabriel*)

Depois de tantas insistências e gentilezas, o Cristiano concordou em que eu recortasse o desenho. E o texto ficou ilustrado.

---

6. A própria capa do *Primeiro livro* resultou de um trabalho de escolha dos desenhos e composição deles por parte dos alunos. O desenho em destaque (a macieira do Jean) foi escolhido para ampliação também por eles. As crianças foram comigo à gráfica e lá soubemos do alto custo da impressão colorida; daí a decisão de o livro ser todo impresso em branco e preto.

LILI E SUAS MALANDRAGENS

Lilo era um coelho muito dorminhoco.

Lili era seu amigo muito sapeca. Ele estava pensando em jogar uma lata de água em Lilo, que só queria dormir de manhã.

Pois não é que jogou mesmo!

— Ui, ui! gritou Lilo.

O dorminhoco acordou todo ensopado enquanto Lili deu no pé e se escondeu. Só bem depois saiu do esconderijo com uma carinha de santo.

Lilo não desconfiou de nada e muito delicadamente cumprimentou seu amigo:

— Oi, Lili.

Muito malandro e com cara de anjinho Lili disfarçou:

— Oi, Lilo!

Flávia, Karina, André, Priscila,
Adriano, Daniel, Gabriel

A gente, às vezes, não resiste e resolve tomar iniciativas que julga interessantes para os alunos sem consultá-los. Assim, no caso das ilustrações do *Primeiro livro*, resolvi que, além dos textos já ilustrados pelos alunos ou com ilustrações selecionadas pela classe, haveria textos que eu deixaria sem qualquer desenho para que eles mesmos ilustrassem posteriormente, à vontade. Outros, ainda, ficariam com desenhos simplificados para eles colorirem.[7] Mas quando, mais tarde, receberam o seu *Primeiro livro*, pude observar que quase nenhuma criança se interessou em colori-lo. Ou preferiam completar a ilustração com outros detalhes e adornos ou se contentavam em ler e reler a história. Afinal, "ler" o desenhado eles já sabiam muito bem, e colorir já "tinha inchido". Então, acontecia o inverso: o texto impresso era muito mais atraente para eles do que a gravura. Era muito mais vivido, muito mais informativo, mais cheio de relembranças, e sua leitura é que constituía o verdadeiro desafio.[8]

2.2

O *Primeiro livro* se compunha, pois, em grande parte, de textos elaborados oralmente pelas crianças, no período inicial dos processos de alfabetização letramento. Como já disse, essa atividade oral funcionava como o ambiente das atividades mais técnicas e repetitivas exigidas pela gradualidade do aprendizado da escrita e como o espaço de criação livre em que as crianças se introduziam nos princípios de organização do texto. Será bom rever um pouco as estratégias utilizadas nesse processo de construção.

---

7. Além dos desenhos das próprias crianças, outros foram elaborados para ilustração de alguns textos.

8. A propósito de como as ilustrações interferem na aprendizagem da leitura, vejam-se Bettelheim e Zelan (1984, p. 33 s.) e as referências que fazem. De fato, as cartilhas trazem cada vez menos palavras e mais ilustrações: as crianças se interessam pelas gravuras e as "leem" muito mais do que os textos, que continuam chatos e maçantes. Mesmo quando leem os textos, são levadas a fazê-lo com apoio nas gravuras que lhes fornecem um esquema de inferências (de "adivinhação") no sentido mais condenável.

Um primeiro conjunto de textos — "O que 'dizem' nossos desenhos" — foram os primeiros que as crianças elaboraram, ainda no período preparatório do aprendizado da leitura e escrita. Cada aluno havia feito um desenho de sua escolha e contava uma historinha sobre ele para toda a classe; esses textos passaram por sucessivas revisões, mediante procedimentos que já comentei anteriormente.

Outros textos resultaram de trabalhos em grupo, partindo de gravuras, em que a composição da história (associada a outros objetivos de conhecimento, como os processos de localização espacial ou ordenação temporal) era feita a várias mãos (ou melhor, a várias cabecinhas, visto que ainda não dominavam a escrita). Um bom exemplo é o texto "Joãozinho e seus amiguinhos", cujo processo de elaboração já foi descrito no item 2.1 do capítulo 2 (ex.: 66). Combinavam-se, sempre, os estímulos mais frios das várias gravuras a uma discussão acalorada que trazia para o texto aspectos mais ricos da cotidianidade dos alunos. No mesmo estilo foram compostos os textos "A bronca da mamãe" e "Fabiana e seus brinquedos".

O uso de gravuras como ponto de partida para a produção de textos não pode ser exagerado: deve ser uma entre diferentes abordagens e estratégias. Trabalhei muito pouco com esse tipo de estímulo, justamente para evitar algumas das desvantagens desse procedimento. Mais óbvios e mais discutidos são os prejuízos no caso da leitura (vejam a nota 8, p. 163), mas também podem ser observados no caso da produção dos textos. De fato, como a criança "lê" as gravuras, estas acabam por tornar-se uma espécie de guia, que limita suas opções e reduz a expressividade própria das crianças. O procedimento possui as vantagens e desvantagens do trabalho de "reprodução": a gravura já "diz" o que a criança deve dizer e sua utilização exige, por parte do professor, o cuidado de estimular, via discussões e diálogo, transformações e extensões desse "texto" prévio, para que as crianças consigam expressar-se a si mesmas.

Exemplo de uma outra estratégia para a produção oral de textos, que recolhi no *Primeiro livro*, é a história do "Super-Pato", cujo processo de elaboração descrevi também no item 2.1 do capítulo 2 (ex.: 68) e cuja releitura sugiro ao leitor. Os alunos eram convidados a relatar, de vez em quando, um acontecimento verdadeiro (embora a noção de "verdadeiro" das crianças deixasse sempre entrar sua fantasia). Os colegas, depois, reconstruíam o texto em um processo de apropriação e contribuição. Essas construções, a partir de acontecimentos vividos pelas crianças, podiam ficar no próprio âmbito da sala de aula: o acontecimento relatado era o de uma atividade (como a "Hora da novidade"), de um episódio alegre (como a do "Aniversário do Jorge") ou de uma festinha da escola (como a de "Nossa festa junina"); eles resultam da elaboração e reelaboração, em várias etapas de trabalho, da classe toda, com a escolha das passagens e das ilustrações que julgaram mais interessantes e significativas.

Algumas vezes, os textos tinham uma destinação especial. Por ocasião da Páscoa, os coelhinhos invadiam a propaganda nas televisões, os adornos das vitrinas, os cartazes da escola. E acabavam pulando para dentro da sala de aula:

111

> — Vamu fazê uma istória de coelhinho? (*André*)

Como o André era um dos "quietinhos", peguei no ar a oportunidade de atendê-lo. Por que a gente não fazia uma história de coelhinhos e dava de presente para os pais no dia de Páscoa? ("Iii. Mais quem é qui escrevi?")

Em diferentes grupos, foram compostos os textos "Lili e suas malandragens", "Cabeça grande e perna curta" e "O coelhinho comilão", que eu transcrevi e de que fiz as várias cópias necessárias para o "presente" aos pais. Provavelmente, o estímulo especial da composição dessas histórias fez que as crianças se colocassem muito mais em sua construção. De fato, em todas elas apareceu o aspecto jocoso de suas próprias malandragens, transpostas para a figura ingênua e carinhosa dos coelhinhos acordar o dorminhoco com uma lata de água, a "carinha de santo" do travesso que se disfarça, as brincadeiras de bola na rua com os gritos de "Goooool", as gulodices sugeridas pela própria propaganda da Páscoa, em que os chocolates se simbolizavam nas cenouras enormes do coelhinho comilão. Os coelhinhos eram um retrato deles mesmos, em que se revelavam para os pais. Cada um levou a sua cópia, com meu recado:

> É uma simples historinha mas, como a Páscoa, traz o início de uma vida nova para seus filhos. Foram eles que a fizeram juntos, espontânea e lindamente, como podem ver: colocaram nela toda sua imaginação e sua vontade de aprender a escrever. Logo vão conseguir escrever e ler suas próximas composições.

O valor acrescido desses textos, por suas funções especiais, tornou impossível selecionar "o melhor deles" para o *Primeiro livro*. Nenhum grupo queria abdicar de seu próprio texto. E, por isso, a decisão melhor foi a de incluí-los todos. Eles podem ser lidos a seguir e vale a pena compará-los com o texto da cartilha sobre o coelhinho. Neste, a preocupação "didática" com os "lha" e "nha" (que, como mostrei, pode ser atendida por outras estratégias) acaba por embaralhar coelhos com orelhas e telhas e velhas: não há uma tessitura temática nos remendos grudados a tesoura e cola. Ao contrário, nos textos construídos das crianças, essas sílabas aparecem quando necessário — "coelho", "dorminhoco", "carinha", "anjinho", "lhe", tamanho", "caminhão", "nenhum", "pedacinho", "melhor", "coelhinho", "armadilha" —, mas obedecem a necessidades do próprio relato e se inserem com naturalidade no contexto. Comparem, aqui, a lição da cartilha com a versão original dos textos (sem as revisões posteriores).

> Orelhudo é o coelhinho daquela velha.
> A velhinha lia o bilhete do filho.
> A velhinha ouviu o barulho no telhado.
> A telha caiu na orelha do coelho.
> — Coitadinho do meu coelhinho! (*Cartilha*, p. 79.)

CABEÇA GRANDE E PERNA CURTA

Cabeça Grande e Perna Curta estavam brincando de bola. Perna Curta caiu e o outro marcou um gol. Cabeça Grande gritou:

— Gooool!

Foi um lindo gol, mas o chute foi tão forte que a bola furou, bateu num toco e o jogou parou.

Naquele dia Cabeça Grande fazia aniversário. Sua tia lhe deu de presente uma cenoura do tamanho de um caminhão.

Cabeça Grande, de tanto comer cenoura, ficou com dor de barriga. E a sua cabeça cresceu mais ainda.

Perna Curta ficou chorando porque o amigo não lhe deu nenhum pedacinho. Ele tanto queria comer cenoura para crescer suas pernas e jogar melhor futebol.

Jonatham, Daniel, Jorge, Nilso, André,
Adriano, Antônio Carlos, Gustavo, Flávia

O COELHINHO COMILÃO

Um coelhinho comia muita cenoura. Por causa disso ele cresceu muito. Ficou barrigudo mas muito forte.

Um dia, seus amigos fizeram uma armadilha. Puseram nela uma cenoura gigante. O comilão foi logo pegar a cenoura e caiu dentro do buraco.

Assustado, Comilão agarrava nas paredes para sair do buraco e as pedras caíam em cima dele. Com o peso da barriga ele afudava mais ainda.

Depois de muito esforço, Comilão conseguiu sair. Muito alegre, foi para sua casa, e falou para sua mãe:

— Mamãe, caí num buraco. Está na hora de comer menos para emagrecer.

Reinaldo, Karina, Camila, Gabriel, Jean,
José Roberto, Júlio César, Ricardo, Priscila,
Fernanda, Lucila, Cristiano, Miriam, Sterlléia

Antes de descrever outros dois grupos de textos do *Primeiro livro*, faço alguns comentários. Quando, bem mais tarde, os alunos reviam os textos para a "edição" do livro e os liam em voz alta, acontecia uma festa de reencontro. Não somente porque os textos eram realmente mais interessantes do que os da cartilha: eles tinham o interesse maior de ser textos em que se reconheciam, reconheciam seus achados e lembravam as expressões de seus colegas:

112

> — Ah! Issu fui eu!
> — Num é dessi jeito qui a Lucila falô!
> — Num foi "passô o zipe" qui a Flávia sonhô. Foi "bateu a porta".
> — Ich qui istória legau a nossa!

Isso facilitava enormemente uma leitura expressiva, com sua melodia, com perfeita consciência das unidades, sem paradas, fragmentações e silabações. Era gostoso ouvir a voz às vezes meiga de certas meninas, outras vezes safada e brejeira dos meninos quando liam suas histórias. Confesso que sua fala expressiva suplantava em muito a qualidade de minha própria leitura dos textos: eu não conseguia a mesma graça nos diálogos nem a mesma entoação característica. Eu mesma pedia que eles falassem de novo para que eu pudesse pegar o jeito e ler do modo como se expressavam. E como me esforçava para obter êxito, os alunos percebiam que eu também aprendia com eles. Nessa ação recíproca, aprender deixava de ser uma tarefa somente deles e o estímulo ficava redobrado em produzir uma leitura expressiva e significativa. Era um desafio mútuo que enfrentávamos todos muito interessados, o que melhorava sensivelmente os resultados.

Acho muito importante observar esse novo modo de estabelecer interesses comuns. Muito já se tem criticado o fato de que as lições dos livros de leitura para principiantes são áridas e vazias. As histórias divertidas, que existem muitas, dificilmente se prestam para o trabalho concomitante do aprendizado da escrita. Os autores tentam fazer crer às crianças que o seu objetivo é o de proporcionar-lhes um entretenimento agradável (daí o excesso de gravuras). Acontece que o adulto, nesse esforço, como acredita que aprender a ler é já por si só um objetivo importante e capaz de estimular os alunos (com razão em parte), constroem textos como instrumentos de tarefa, que a criança é obrigada a deglutir e assimilar. De certo modo, explorei uma outra vertente do interesse: não só o que deriva daquilo que é divertido para as crianças, mas o que deriva da revisão e reconstrução dos próprios textos que construíram oralmente.

Mas as leituras das crianças, para merecerem sua atenção e interesse, não precisam ser somente as "divertidas": às vezes, devem elas ocupar-se de suas experiências, mesmo que desagradáveis. Um exemplo disso está no texto que eu mesma compus, utilizando gravações das falas das crianças em uma atividade que visava trazer à discussão um problema real em sua vida familiar. Bom tempo antes, no início do processo de aprendizagem da escrita, eu havia gravado a reação de alguns (Daniel, Jonathan, Gabriel, André, Sterlléia, Flávia e José Roberto) à chegada de um novo irmãozinho ou irmãzinha em suas casas. As manifestações gravadas foram recompostas por mim, meses depois, em uma espécie de *script* teatral para uma representação. Ao encontrá-lo na lousa, as crianças envolvidas, que agora já sabiam ler, logo se reconheceram nele e mostravam na fisionomia um grande encantamento e surpresa.

Lembrando juntos quem disse o que e como, organizamos a leitura confrontando em conjunto a fala de cada criança, ajustando-a à entoação dada pelo respectivo autor. Depois, tendo o Ricardo como narrador e como personagens as próprias crianças envolvidas nos fatos que tinham dado origem ao texto, iniciamos uma leitura dramatizada:

113

> — O nenê chegou! (*Ricardo*)
> — Vou brincá com ele! (*Daniel*)
> — Vou dá tudo os meus brinquedos prá ele. (*Jonathan*)
> — Eu dei uma buneca! (*Gabriel, que segundo a mãe adorava a irmãzinha.*)
> — Eu não. Num dei nem vou dá nada. (*André, que tinha sido muito tempo filho único.*)
> — Logo escuto seu chorinho. (*Sterlléia*) (*Nesse momento, quando a classe toda seguia atenta a leitura, o Jorge, lá de trás, de modo muito engraçado, se antecipou e fez o choro do nenê, como sempre, em voz muito alta:*)
> — Nhé...nhé...nhé... nhéééé
> (*E a Flavinha continuou com expressão triste e enciumada:*)
> — Meu quarto já ficou prá ele. A mamãe diz: Fique quieta, não faça barulho que ele precisa dormir! E eu tenho que brincar quietinha.
> — O nenezinho acordou. (*Ricardo*)
> — Deixa que eu vou lá. (*José Roberto*)
> — Que rosto fofinho! Vou dá um apertãozinho. (*Flávia*)
> — Vou puxá seu cabelinho. (*André*)
> (*E o Jorge entra em cena novamente:*)
> — Nnhé...nhé...nhé...nhé...
> (*E todos, a meu pedido, leram juntos como se fossem jograis:*)
> — Está chateado, nenezinho? Não vou nunca mais beliscar você nem puxar seu cabelinho se isso lhe dói tanto. A gente gosta muito de você; viu, irmãozinho! viu, irmãzinha!

Como observam, o texto fazia aparecerem diferentes dificuldades de ajustamento das crianças à nova situação em casa. Ao lado da generosidade de alguns, os ciúmes de outros "num dei, nem vô dá nada" [para o nenê]. Ao lado do prazer de conviver com o novo irmãozinho, o desagrado pelos privilégios do nenê que rouba a atenção da mãe, tira o quarto do mais velho e o obriga a "brincar em silêncio". Ao lado do afeto que se manifesta nos gestos e diminutivos de carinho, a agressividade dos nada inocentes "apertãozinhos" e "puxões de cabelo". Ao publicar esses sentimentos contraditórios, vendo-os no texto lidos e discutidos, as crianças os situavam em um quadro de normalidade, retirando deles os aspectos negativos derivados das reprimendas dos adultos. Assim, aprendiam a conviver com o desejo de ferir o compe-

PEDAGOGIA DO ALFABETIZAR LETRANDO

tidor infantil e com o amor que sentiam por ele e que, no fundinho, me confessavam.

O tema desse texto, "A chegada do nenê", e os temas de um outro conjunto de textos inseridos no *Primeiro livro* ("Já sei me lavar", "O que fala nosso cão", "Mamãe, eu quero", "O sonho de Flávia", "O que custa ser gentil" me foram inspirados por uma cartilha austríaca, a que tive acesso pelas citações e comentários feitos em Bettelheim e Zelan (1984, p. 215-24). Nesses textos havia sempre uma boa aproximação das pessoas, animais, objetos e eventos à realidade psicológica das crianças, embora os textos tenham sido ajustados por mim a aspectos da realidade local e moldados de modo encantador pelas próprias crianças, segundo suas vivências.

O objetivo geral que eu visava era o de ampliar o universo da criança trazido à escrita: era preciso ultrapassar os aspectos de brincadeira, jogo e entretenimento, para tornar também os textos (sua construção, reconstrução e leitura) o instrumento de uma reflexão delas mesmas sobre aspectos mais problemáticos de sua vida e de suas relações com os adultos. Deve-se desfazer a imagem de uma criança tola e irresponsável, para quem não existe nada além de divertir-se e brincar muito ao contrário disso, as crianças trazem para a escola, como vimos em inúmeras passagens deste livro, preocupações precoces com dificuldades pessoais, familiares, sociais, econômicas. (Lembrem-se das conversas sobre o médico e o Inepesse, do pobre que é sempre o vilão e o ladrão da história, do café da manhã que é só chá sem pão, do nenê que tira o quarto e a liberdade da Flavinha...)

E muito melhor do que dar de presente às crianças frases estereotipadas sobre essas situações ou ditar normas de comportamento social é abrir-lhes a possibilidade de se expressarem livremente em relação a esses problemas. É outro lado do comportamento criativo. Assim, quando a criança foge da água e finge lavar-se ("Já sei me lavar"), podem discutir-se condições de higiene pessoal. Ou simplesmente ocupar-se com seu animalzinho de estimação ("O que fala nosso cão"). Tornar, por exemplo, a criança consciente de seu papel em casa ao ajudar a mãe em suas lides domésticas, trazendo para o texto não o estereótipo da mãe ("minha mãe é uma flor" e semelhantes), mas o da mãe que tem seus limites de generosidade e pode até ralhar e cobrar ("Mamãe, eu quero"). Poder incluir, entre os sonhos das crianças, o lado penoso de seus pesadelos ("O sonho de Flávia"). Até acentuar um pouco as regras sociais de polidez, de boas maneiras, de jeito de falar com os outros ("O que custa ser gentil").

Vejam os textos dos temas acima:

JÁ SEI ME LAVAR

Aninha põe o dedo dentro da água. Mas só um pouco: só a ponta do dedo.

Com o dedo molhado ela lava o rosto: primeiro a testa, depois a face esquerda, passa pelo queixo e chega à face direita.

Em seguida ela chama:

— Mamãe, eu me lavei sozinha!

Mas depois de três dias Aninha ficou com o rosto igual à de uma porquinha.

O QUE FALA NOSSO CÃO

Au! Au! Au! Au! Au!

Pare aí! Não entre. Os meus donos não estão em casa. Se tentar entrar, eu mordo você.

Se não for embora, eu acabo pulando esse portão. Vai embora! aqui você não entra.

Au, au, au! Au, au, au!

Oi, dono, alguém veio aqui em nossa casa. Mas eu mandei ele embora. Não deixei ele entrar.

Porque, enquanto eu estiver aqui, quando você sai, ninguém entra, nem ninguém rouba.

Au, au, au! Au, au, au!

Jorge, Gustavo, Antônio Carlos, Daniel, Nilso

MAMÃE, EU QUERO...

— Mamãe, quero comida!
— Mamãe, vem amarrar meu tênis!
— Mamãe, vem arrumar minha cama?
E a mãe dá comida, amarra o tênis, arruma a cama...
— Manheeee! Conta uma história?
— Não, agora não posso.
— Ah! por quê? Eu quero agora.
— Você não está ouvindo nada?
A criança, bem quietinha, começou a escutar uma porção de vozes:
— Mamãe, me lava — pedem os pratos.
— Mamãe, me limpa — grita o fogão.
— Mamãe, me varre — suplica o chão
— Mamãe, me passa — diz a camisa.
— Mamãe, me prega — fala o botão.
Que barulho horrível! A criança tapa os ouvidos e meio sem jeito diz:
— Vem, vassourinha. Vamos juntas varrer a sala e ajudar mamãe.

O SONHO DE FLÁVIA

Flávia estava acampando em Ilha Bela. Corria pela praia, mergulhava no mar, tomava um banho gostoso de água doce e depois saía para descobrir as belezas do lugar.

Foi então que encontrou uma onça feroz. Correu, correu, tentou subir numa árvore. Mas não conseguia: subia um metro e escorregava dois.

E a onça chegando, chegando. Pior ainda! Apareceu outra onça!

Afobada, Flávia voou para sua barraca e passou o ziper. Mas as onças vieram e destruíram a barraca de lona. Que apuro!

— Papaieeee! Manheeeeeee!

Nessa hora, uff! a Flávia acordou. Como sempre, sua mãe estava ali, do lado de sua cama.

O QUE CUSTA SER GENTIL?

— Mamanhe! Me dá isso aí — gritava Lúcia, uma menininha malcriada.

— . . . .

— Manheee! Não tá ouvindo? Me dá isso aí.

Em vez de responder, Dona Rosa contou-lhe uma historinha.

"O jardim mágico era maravilhoso. Todos queriam entrar nele, mas as portas estavam bem trancadas. Alguns tentavam subir pelos muros, mas os muros eram altíssimos. Outros queriam derrubar a porta, mas os machados quebravam. Por que não queimar a porta? Mas o fogo apagava.

Um dia, veio vindo uma criança e simplesmente disse:

— Por favor...

Era a palavra mágica: as portas se abriram e a criança pôde entrar no jardim."

Lúcia entendeu a história. Mais gentil, disse:

— Por favor, mamãe. Podia me dar isso?

Como os textos, embora utilizando sugestões da cartilha austría-ca, eram inteiramente elaborados pelas crianças (caso de "O sonho de Flávia") ou construídos com o auxílio de minhas questões (caso de "O que fala nosso cão"), ou reconstruídos por elas (caso de "Mamãe, eu quero", em que mudaram as expressões de seus desejos),[9] disso decorria que as "lições" não eram passadas diretamente às crianças: elas é que tiravam suas próprias conclusões, mesmo que indiretamente levadas pela figura do adulto que já traziam de casa.

De um certo modo, isso também era repassado aos pais, que acompanhavam o trabalho das crianças. Particularmente, no dia da "festa da leitura",[10] os maiores aplausos foram para a dramatização com a leitura do texto "Mamãe, eu quero". As mães se reconheciam e reconheciam as crianças em passagens como:

— Manheee! conta uma história?
— Não. Agora não posso.
— Ah! Por quê? Eu quero agora.
— Você não está ouvindo nada?

e ficavam felizes com a disposição (!?) de ajuda das crianças:

— Vem, vassourinha. Vamos juntas varrer a sala e ajudar a mamãe.

Em um outro sentido, procurei ampliar o universo textual das crianças. No conjunto de textos descritos acima, a preocupação maior

---

9. Fracassos também dão boas lições. Houve um caso em que as crianças não fizeram mais do que encontrar o nome da personagem — Aninha — no texto "Já sei me lavar". Sua participação foi muito reduzida. Penso estar nisto a causa de ter sido o texto pelo qual menos se interessaram. Não faziam nenhuma referência a ele e nem pediram para repeti-lo uma vez sequer, ao contrário dos outros, pelos quais mostravam até uma certa fascinação.

10. A "festa da leitura" foi organizada para a entrega do *Primeiro livro*, no salão da escola, na presença dos pais. Antes do guaraná com bolo, houve várias apresentações dos alunos. Tudo era lido: primeiro cada um leu diante do microfone a legenda que fizera no início do ano para seus desenhos; leu, ainda, um texto de sua escolha dos muitos que haviam composto em conjunto. Enfim, leram um texto de autor (Quintana e Lispector) e cantaram juntos, lendo a letra, "A casa", de Vinicius de Moraes. Somente duas alunas apresentavam ainda dificuldades de leitura, tendo participado somente das atividades em grupo.

era a de uma variação na temática dos textos; já no conjunto de textos que descreverei a seguir, além da variação temática, desejava expor as crianças a diferentes formas e estilos e à fruição estética do texto literário.[11] A leitura das histórias e relatos que elaboraram ou reconstruíram tinha seu papel no processo de aprendizagem, mas era necessário que aprendessem também a apreciar os textos criados por autores que, embora fisicamente distantes, tentavam aproximar-se deles em seus textos. Essa era, sobretudo, a função dos poemas e fragmentos literários no *Primeiro livro*: o de fazer os alunos perceberem, de repente, como a linguagem não somente serve para comunicar, mas pode ela mesma ser tomada como material para a construção de objetos estéticos, de caráter lúdico, destinados a um momento de gosto e fruição.

Eu procurava facilitar a comparação e o contraste entre os modos de tratar um mesmo tema, introduzindo o texto literário ao lado do texto que eles mesmo haviam construído. Por exemplo, os alunos haviam construído um texto sobre o seu cãozinho — "O que fala nosso cão". Nele, o cão tinha sido visto como um cão de guarda, valente e ameaçador. Uma das meninas, porém, estava ainda pensando em seu cachorrinho de pelúcia: havia um outro jeito de pensar o animalzinho de estimação? E "A cachorrinha", de Vinicius de Moraes, com suas rimas em diminutivos, cheias de meiguice, veio mostrar esse outro lado carinhoso.

Um outro exemplo. As crianças estavam revendo uma de suas histórias de coelhinho — "Cabeça grande e perna curta" —, discutindo sua versão final para a edição do *Primeiro livro*. Nesse trabalho, fantasia e realidade se aproximavam muito. Era como se o texto desse mesmo vida à personagem da história, tanto que algumas crianças estavam com pena do "Perna curta". O coelho naniquinho e feio (no desenho das crianças), que não conseguia marcar nenhum gol, nem conseguia pegar a cenoura para comer e crescer, foi justamente o que ganhou a preferência das crianças. Ele tinha um encanto que o "Cabe-

---

11. Devo à professora Marisa Lajolo a gentileza de me orientar na seleção dos textos literários que foram incluídos no *Primeiro livro*.

ça grande", forte e egoísta, não tinha. O que é que faz a gente ligar-se aos outros por essas simpatias inexplicáveis?

Ao preparar o livro, coloquei logo ao lado da história do coelhinho um texto de Clarice Lispector, sobre uma galinha simpática mas de pescoço feio.

De modo semelhante, a história do "Super-pato" (do Antônio Carlos) ficava ao lado do "pato pateta" (de Vinicius); ao lado da festa junina que as crianças relataram, a "pipoca" rebentava na "panela de marota" (de Elias José). O que é importante observar é que as crianças apreciavam de verdade esses textos e manifestavam uns aos outros suas preferências:

114

> — Eu achu tão linda a istorinha da Laura! (*Antônio Carlos*)
> — Já li num sei quantas vezes! (*Flavinha*)

Já a Camila que gostava da "Laura" mas, porque a menina da "porteirinha" (referindo-se ao texto "A porteirinha", de M. Quintana) tinha dentinhos de rato iguais aos seus, nunca se cansava de ler aquela "lição".

O *Primeiro livro*, pois, era realmente um livro, e não um mero instrumento de tarefas em classe. Um livro para gostar, para ler em classe e para ler "num sei quantas vezes" em casa: o prazer da leitura. Mas também o "fazer": tanto na leitura dos textos que eles mesmos compuseram, quanto na leitura dos textos literários, os alunos buscavam relacioná-los a suas atividades, a sua vida e a si mesmos, lendo-os para extrair e, mais do que isso, construir com o autor ou autores a sua significação e o seu valor particular. Como diz M. Lajolo (1985), a boa leitura é quando se lê para atribuir significado ao texto: para relacioná-lo à vida, para que o texto renove os olhos com que vemos o mundo, os outros, nós mesmos; "lê-se para viver o que se leu".

3. A produção individual: uma conquista

A intenção deste parágrafo é a de fazer uma breve apresentação, à guisa de exemplo, dos primeiros textos individuais das crianças. Não pretendo nem analisá-los a fundo, nem tirar deles reflexões teóricas mais complexas. Eles servirão como uma espécie de baliza para a avaliação do relativo sucesso de um ensino/aprendizagem que leva em conta a complementaridade e o equilíbrio nos processos de alfabetização e de letramento.

Já observei que o trabalho conjunto na construção e reconstrução da escrita nunca excluiu o trabalho individual. Embora os textos aproveitados no *Primeiro livro* refletissem a contribuição de diferentes alunos, em um trabalho compartido, cada um tinha exercitado muito livremente suas próprias ideias e opções, tinha feito valer suas iniciativas. De fato, não havia na classe constrangimentos prévios que estabelecessem o gênero e a espécie do texto escrito, nem modelos rígidos, nem clichês automatizados. Do bilhetinho ao sonho, do relato de ocasião à narrativa fantasiosa, tudo se tornava objeto de apreciação, revisão, recomposição. Nem havia preocupações com o erro ou com críticas precoces: reduzindo o quanto possível a valoração da norma urbana de prestígio e aceitando os enganos de grafia como parte necessária da aprendizagem, os "erros" se tornavam um objeto natural sobre o qual os alunos trabalhavam e elaboravam suas hipóteses. Nesse espaço, eu era para eles uma interlocutora sempre presente, de certo modo privilegiada; buscavam na minha participação não somente o estímulo, mas uma orientação de trabalho; questionavam-me antes, durante e depois da escrita, para suas dúvidas e para uma avaliação que prezavam.

Esse ambiente permitiu manter intensas as intenções iniciais da escrita. Logo que se sentiram instrumentados, relativamente confiantes com respeito ao domínio do sistema gráfico, ninguém mais segurava sua vontade de aventurar-se na escrita. Com a leitura de Quintana, Vinicius, Lispector, Elias José, porque os tinham apreciado muito, começavam a fazer uma concepção de texto como ultrapassando o simples desejo de "comunicar": texto como construção e, de certo modo, artesanato. Ampliavam certamente o repertório dos recursos expressivos, mas o fundamental é que ampliavam o seu repertório conceitual a respeito da escrita. E como não tinham outras peias senão as do próprio sistema de representação, seus textos vinham com um cheiro de terra do lugar ou com expressões singelas de seu universo interior, de suas emoções, de suas características pessoais.

3.1

Bastava um acontecimento singular e uma breve indicação minha para o texto desabrochar. Um dos primeiros textos, por exemplo, ainda bem simples, nasceu de um episódio ocasional. Um dia, a Priscila, ao sentar-se, fez voar uma grande borboleta negra que estava sob a carteira. A classe toda alvoroçou-se até que a borboleta se abrigasse entre as cortinas. Por que cada um não escreve o que sentiu?

Os alunos se puseram a escrever a partir de um pequeno mote: "O dia em que apareceu uma grande borboleta debaixo da carteira da Priscila...". Algumas manifestaram, contraditoriamente, seu próprio sentimento em relação à borboleta negra:

115

> a. ...queria pegar ela e espremer bem até que ficasse morta.
> — Vô ti pegá e ti espremeeeee. (*Míriam*)
>
> b. ...eu fiquei triste e queria que ela tivesse na minha carteira para acariciá-la e dizê-la:
> — Você vai sê meu animauzinho de estimação! (*Daniel*)

Outros manifestaram mais diretamente suas próprias reações:

116

> a. ...fiquei muito assustado e queria gritar
> — Meu paieee mi ajuda! Manhee onde oce tá?
> Mas nem meu pai veio me ajudar, nem minha mãe estava na classe.
> A Eglê calmou a gente e a borboleta ficou quieta na curtina. (*Antonio Carlos*)
>
> b. ...e disse pra eu baixinho
> Mais uma borboleta não (*faz*) mal a ninguém.
> Aí me soceguei. (*Fernanda 1*)

Enfim, outros se puseram um pouco a distância, como observadores mais neutros:

117

> a. ...foi muito engraçado.
> Cruis! gritou o Jorge e saiu correndo e a borboleta foi atrais dele pra pega.
> Todo mundo riu que a borboleta queria pegar o Jorge. Nós demu rizada e a Eglê disse que borboleta não fazia nada mais eu fiquei morta de medo.
> Pensei que fosse um bicho. (*Fernanda Silva*)
>
> b. ...e eu pensei:
> — Isso parece um passarinho!
> Mas não era e era uma grande e preta borboleta que ficou quetinha na cortina. Nós também ficamu quetinhus por que a Eglê disse que borboleta era boua. (*Fernanda 2*)

O que julgo importante notar nesses primeiros textos é que, embora diante do mesmo acontecimento, cada criança pode manifestar-se a seu modo, sem quaisquer balizas prévias. O ambiente de liberdade de expressão e a confiança no valor de seus próprios achados é funda-

PEDAGOGIA DO ALFABETIZAR LETRANDO

mental para essa pluralidade de manifestações. Não há nada de parecido nesses textos como o estereótipo das redações que pude analisar na 3ª série do 1° grau (no livro a que me referi na nota 15 do Capítulo 1), cuja forma seria aproximadamente:

> Era uma vez uma borboleta negra. Ela chama Mimi. Um dia ela se escondeu na carteira e aí a minina sentou e então..., aí... e ela viveu muito feliz.

Pode-se até dizer que esse tipo de composição apresenta pelo menos uma estrutura. Mas a estruturação do texto, a cada passo mais complexa, tem que ser um trabalho de construção do próprio "autor" e depende dessas experiências espontâneas da criança.

Uma outra observação sobre essas pequenas redações: nelas praticamente não aparecem "erros" de grafia propriamente ditos (volto logo a isto): trata-se quase sempre de problemas de ajuste entre a forma gráfica e a forma oral, na modalidade coloquial da criança, com o uso de símbolos gráficos convenientes, embora não os convencionais. Além disso, há já uma clara percepção do espaço gráfico, do valor distintivo dos parágrafos, travessões e (em certo grau) da pontuação. Tudo isso mostra como as crianças tinham aproveitado o trabalho com pequenos textos escritos nos exercícios em que predominava ainda o ambiente oral.

De certa forma, essa dependência da oralidade fica visível no fato de que, nessas primeiras redações, embora as crianças apresentem uma certa dificuldade na organização da narração, as expressões das personagens (ou sua própria fala) são sempre de grande graça e espontaneidade. Como observei antes, quando ainda eu me fazia de escriba de seus textos, sempre exigiam que se mantivesse fidelidade total à fala das personagens. Era essencial para eles conservá-las tal e qual na escrita. Assim, a Míriam contrapõe "pegar" e "espremer", na fala do narrador, a "ti pega" e "ti espremeeeeee", em sua fala; do mesmo modo, o Antônio Carlos contrapõe, nas duas situações, "pai" e "mãe" a "paiee" e "manhee", bem como "estava na classe" a "onde oce tá".

> nome Miriam
> idade 7 anos
> 1ª série A
>
> O dia em que apareceu uma grande borbo-
> leta debaixo da carteira da Priscila queria
> pegar ela e espremer bem até que ficasse
> morta.
> — Vô ti pega e ti espreme eeeeee.

> nome: Antonio Carlos
> idade: 8 anos 1ª A
>
> O dia que em que apareceu uma
> grande borboleta debaixo da carteira da
> Priscila fiquei muito assustado e queria
> gritar:
> — Meu pai, mi ajuda! mande onde oce
> ta?
> Mas nem meu pai veio me ajudar nem
> minha mãe estava na classe.
> A Eglê calmou a gente e a borbole-
> ta ficou quieta na cortina.

Exemplos mais claros disto podem ser vistos em duas pequenas composições do Gustavo e da Fernanda 1:

O castelo

O Gustavo fazia um castelo bem grande e sua irmã que chama Flávia fazia bolo de areia.

— Ói meu boinho Gustavo.

— É, seu bolinho está bonito, responde Gustavo.

Mas veio uma onda i adeus castelo e o bolinho também e a onda levou e os dois ficaro tristes.

nome: Gustavo
idade: 7 anos

O castelo

O Gustavo fazia um castelo bem grande e sua irmã que chama Flavia fazia bolo de areia.
— Oi meu boinho Gutave.
— É, seu bolinho está bonito, res ponde Gustavo.
Mais veio uma onda i adeus castelo e o bolinho também a onda levou, e os dois ficaro tristes.

A Regina e o baldinho

A Regina foi pesca com o baldinho no mar e consegiu pescar um peixinho.

— Viu pegui um pecinho!

— Você conseguiu pegar um peixinho?

Venha ajudar fazer o castelo, disse Renato.

— Não eu vo pega otu pecinho no bodinho...

Fernanda Sato
idade 7 anos

A Regina e o baldinho

A Regina foi pescar com o baldinha no mar e conseguiu pescar um peixinho.
— Viu pegui um pecinho!
— Você conseguiu pegar um peixinho? Venha ajudar fazer o castelo, disse Reginato.
— não eu vo pega otu pecinho no bodinho.

Essa utilização intencional e, pois, estilística, não impede, é claro, a existência de invasões da fala da criança na fala do narrador e um sincretismo das modalidades padrão e coloquial. Como observa bem Mary Kato (1986, p. 123), desautomatizar o uso do próprio dialeto para amoldar a produção à norma prescrita pela escola é, para a criança, um processo lento e gradual. Tenho observado, porém, que ele é acelerado pela consciência, por parte da criança, das questões de variação e por essa manipulação intencional dos efeitos de sentido que a variação produz. Sobretudo, fica bem claro que, embora não sendo capaz de estabelecer ainda essa distinção entre forma escrita convencional e sua fala em todas as palavras de que se serve, digamos "no varejo", a criança já estabeleceu, de modo bem firme e consistente, a hipótese da existência dessas diferentes modalidades e do privilégio de uma como padrão da escrita.

Essa relativa autonomia da escrita aparece ainda em outras manifestações das crianças. Elas, muitas vezes, buscam efeitos gráficos especiais para expressar alguns traços, não considerados na convenção linear da escrita. Há nessas experiências uma marca bem forte de intencionalidade. Isso já foi observado por diferentes pesquisadores e, de um outro modo, mostram a sensibilidade da criança para a correlação e as diferenças entre a escrita e aspectos da fala.[12] Assim aparecem na escrita o alongamento das vogais nos casos de chamamento ("manheeee"), ou mesmo de ênfase e irritação ("vo ti espremeee"), como também na pequena composição seguinte:

---

12. Maria Bernardete Abaurre me passou um exemplo interessante. Um aluno de uma escola pública de periferia, em Aracaju, desenha e constrói as falas de duas personagens, uma delas um repórter de televisão. Como se sabe, na televisão predomina o "carioquês". O aluno tentou reproduzir os aspectos diferentes da fala do repórter, investindo também a forma gráfica dessa significação acrescida: "Boa tarrrde. Querrrrrr trrrabalharrr na televisão?"

Spectro-Men

O monstro chegou na sidade. Socorro, socorro!

— Zuuuuurriiizuuuurrriii.

Pegou um homem e já ia indo. Então apareceu o Spectro Men e salvou o homem que o monstro pegou.

— Eta! Spectro Men Fóórrrti, disse o homem.

(Gustavo)

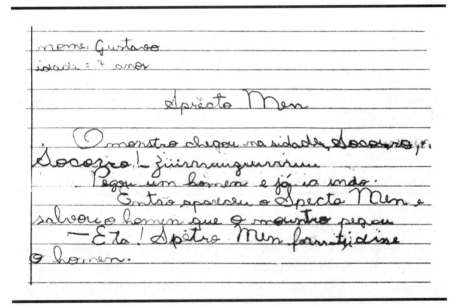

Outras vezes, usam efeitos especiais para caracterizar, fantasiosamente, uma fala "dialetal" completamente diferente, como a do marciano, na história do Antonio Carlos:

O Rei e o disco

Um rei gorduchão travava muitos duelos com os outros reis. Um dia a tarde um disco voador pousou no terraço do castelo. Quando o rei acordou teve um ataque nervoso quando viu os marcianos.

— Deus dos céus o que éis isso eim meu reinado?

— Issõ é umã invãsão mãrciãnã.

onde os tildes sucessivos representam a "nasalidade" da fala dos robôs e computadores nas versões de programas de televisão.

> Nome: A. C. P.
> Idade 8 anos
>
> 1ª série A
>
> O rei e o disco
>
> O rei gorduchão travava muitas delas com os outros reis.
> Um dia a tarde um disco voador pousou no terraço do castelo. Quando o rei acordou teve um ataque nervoso quando viu os marcianos.
> — Deus dos céus ó que és isso eim meu reinado?
> — Isso é uma invasão marciana.

O ponto relevante, para o estudo do processo de apredizagem da escrita, é que as crianças conseguem ultrapassar os aspectos "gramaticalizados" ou "codificados" da escrita para elaborar seu material, investindo-o de significação própria em uma atividade criativa. Ultrapassam assim a mera transcrição de um enunciado oral, para revelar um processo singular de expressão em que recriam, para um leitor a distância, aspectos da situação conforme somente elas os captam em suas emoções.

Trago somente um outro exemplo que mostra esse passo à frente, pela utilização de aspectos puramente gráficos como o tamanho e a forma da palavra escrita. Aparentemente, a criança se serve de uma confusão entre o tamanho do objeto e o tamanho da escrita; mas não se trata de uma volta a hipóteses do período pré-silábico. Naquele caso, tratava-se de um realismo sobrevivente, que transferia às palavras as propriedades físicas das coisas representadas. Agora, ao contrário, trata-se de tomar as propriedades das palavras para expressivamente representar aspectos das coisas: um caso, pois, de investimento de sentido em traços não codificados no sistema gráfico. Na parte relevante da primeira redação (do André), a que me refiro, o menino ganhara um presente do pai, em um grande embrulho; só que dentro do embrulho havia sempre outro embrulho até chegar-se a uma "piquitica", "tudo dobradinha", nota de mil cruzeiros:

> *Ja abrindo logo o embrulho do prezente e ia ficando curioso porque depois di um embrulhe tinha outro embrulho tinha outro, otro otro otro otro otro otro otru otru*

Em outra composição, sobre um "autorama" que ganhara (na fantasia) de seu patrão, o Nilson se serve de recurso semelhante para destacar a satisfação pelo presente:

> *autorama*
> *— Que Prezentoõões!*
> *Brigadu viu, João*

Todos esses sintomas é que me levaram, no início deste capítulo, a afirmar, em relação aos alunos, um avanço conceitual importante, já não em relação à escrita, mas em relação à noção de texto: este se vai, pouco a pouco, distinguindo da mera transcrição e mesmo do mero instrumento prático de comunicação, para ganhar o estatuto de um objeto artesanal, prazeroso no ato mesmo de construção e na degustação. Não que as crianças alguma vez me expressassem essa mudança conceitual: ela se adivinha no modo pelo qual interagem com o seu próprio texto.

Há, pois, uma desvinculação clara entre "escrever" e "falar", embora os reflexos da fala se mantenham e haja mesmo a intenção de "reproduzir" a fala, o que é sintoma (sem contradição) desse distancia-mento. Alguns autores, tendo em mente esse momento de ruptura e visando apressá-lo, criticam métodos de alfabetização que se apoiem muito fortemente na oralidade. Talvez tenham razão. Mas ainda prefi-ro deixar que as coisas aconteçam a seu tempo, embora criando todas as condições para que aconteçam. Isto é, penso que a autonomia do texto escrito é uma hipótese a ser construída pela criança no curso dos processos de alfabetização e letramento e isso somente é possível quan-do já tenha passado por uma hipótese de correlação entre fala a escrita, em seguida, por uma consciência da arbitrariedade dessa relação e, desse passo, tenha conseguido tomar o objeto escrito e até manipulá-lo como fonte autônoma da criação do sentido. De modo semelhante aos níveis e etapas que Emilia Ferreiro viu na pré-escrita, haveria também níveis e etapas progressivas e graduais no modo de conceber o texto. Está aí uma hipótese que mereceria estudos mais cuidadosos.

Vale a pena relatar um episódio na sala de aula, menos pelo que possa ter de singular ou surpreendente e mais pelo caráter simbólico dessa transformação do texto em um objeto valorizado por si só. Um dia, no fim do ano, a Camila chegou agitada, dizendo que havia trazi-do algo para a "Hora da Novidade". Fazia muito tempo que já não se fazia mais essa brincadeira do pré. Ela mostrou aos outros um peque-no embrulho:

118

> — Qui é qui tem nele?
> — É uma caixa de fósforo?
> — É lógico. Mais isso num vale. Isso você ta vendo. (*O papel era transparen-te.*) Eu quero saber o que tem dentro.

As crianças não tinham sucesso. A Camila foi tirando da caixinha uma folha de caderno. Desdobrou-a devagarzinho, provocando curio-sidade, e começou a ler "uma coisa muito horrível que tinha aconteci-do na sua rua":

O padeiro xingado

O padeiro gostava de ganhar dinheiro e ganhava dinheiro vendendo pão. Ele perguntava para as donas da rua:

— Quê pão, Dona?

Um dia ele perguntou para uma Dona que estava no fundo do quintal se ela ia querer pão. A Dona gritou:

— Não! — mas o padeiro não escutou.

— Vai quere pão hoje, Dona!

— Nããããão!

— Vai quere pão hoje, Dona!

— Eu já disse que não seu pato xoco!

O padeiro nunca mais vendeu pão para Ela até que ficasse boazinha. A mulher estava morrendo de fome porque no café da manhã não tinha pão. Ela pedia um pedaço de pão para nós porque era seu vizinho. Nós num dava não porque sabia o que que aconteceu entre a Dona e o padeiro porque achava que o padeiro estava certo e não dava mesmo pão para a Dona.

> — Eu já disse que não seu pato
> xoxo! O padeiro nunca mais vendeu
> pão para ela até que ficasse boazinha
> A mulher estava morrendo de fome
> porque no café da manhã não tinha
> pão, ela pediu um pedaço de pão
> para nós porque era seu
> vizinho Nós num dava não
> porque sabia o que que aconteceu
> entre a Dona e o padeiro
>
> porque achava que o padeiro
> estava certo e não dava
> mesmo pão para a Dona
> (Camila)

Em sua inocência infantil, o episódio significa bem o passo dado na história do aprendizado da escrita dessas crianças. O texto escrito pela Camila se havia tornado um objeto de valor, em lugar do caminhãozinho, da boneca, dos bibelôs e bugigangas que antes embrulhavam para a "Hora da Novidade". Isto é, o texto escrito parecia definitivamente integrado como objeto de prazer e novidade. Além disso, o texto trazia para a classe um aspecto cultural bem claro: no pequeno distrito onde vivia (como em toda pequena vila brasileira), as histórias de vizinhos, no diz-que-diz-que dos grupinhos sentados à porta pela tardinha, eram um tema favorito. A Camila, de repente, recolhia essas falas, verdade ou mentira, com a curiosidade de uma "pequena antropóloga".

O texto vinha embrulhado em sua aura de mistério para a descoberta dos colegas: era como se a Camila antecipasse já os efeitos da

PEDAGOGIA DO ALFABETIZAR LETRANDO

novidade e da surpresa que aumentavam o seu encanto. Para ela, o momento da leitura de seu conto, bem devagar, "desembrulhando-o" pouco a pouco, compensava todo o tempo que levara para escrevê-lo. (Era só ver a satisfação na carinha matreira.) E conseguia criar, nos olhares e ouvidos atentos, uma expectativa e mesmo uma tensão entre ela e os destinatários de seu texto.

Não importa que não fosse um "texto literário". Importa observar como, de repente, um "conto" brota sem protocolo e sem cobrança escolar, com um forte cheiro do lugar: uma transmutação da anedota e da fofoca. E logo que se torna texto, tem essa vocação de descobrir-se, de publicar-se, de ser dado aos outros para a fruição e para o deleite. É claro que, nessas condições, o texto é muito mais que um instrumento de comunicação: não é um bilhete, não é um relato, é, no sentido estrito do termo, uma composição.

3.2

O livro deveria terminar aqui, saboreando-se a surpresa da Camila. Devo, porém, rever, em algumas observações finais, os problemas de escrita que subsistiam e o modo de ocupar-me deles. Falei no item anterior sobre o sincretismo lexical, gramatical e gráfico que consiste na convivência de formas provenientes de diferentes modalidades de fala com formas correspondentes às exigências da modalidade-padrão da escrita.

Essa alternância de formas-padrão e formas-coloquiais se dava mais frequentemente como casos de variantes de pronúncias:

ti/te	calmou/acalmou	cortina/cortina
atrais/atrás	pra/para	quetinha/quietinha
boua/boa	baxinho/baixinho	otro/outro etc.

A adequação dessas formas ao padrão da escrita depende, é claro, de um aprendizado que diz menos respeito à grafia do que à aquisição de um domínio da modalidade urbana de prestígio da língua. Nem por isso o alfabetizador deve escusar-se de enfrentar essa questão. Vali-me sempre das estratégias que mais demoradamente expus no item 4 do Capítulo 3.

Nesse mesmo conjunto existem, porém, formas escritas que se distinguem da forma oral, mas que não podem ser associadas a uma modalidade padrão: isto é, a forma oral correspondente está generalizada. É o caso de "ti" por "te", "pedi" por "pede" etc., que eu tratava como outros casos de não correspondência entre grafia e som. O professor deve explorar o mais possível a sensibilidade das crianças para esses fatos, levando sempre o problema à discussão da classe: vai se surpreender com a capacidade de as crianças formularem hipóteses adequadas. Conto somente mais um caso: eu recopiava a redação da Fernanda 2 para o mural de classe (ver no item 3.1, ex.: 117b deste capítulo) e escrevi "boa" por "boua". E a Fernanda soletrando:

119

> — Bo-a? Qui é isso?
> — É a mesma coisa que boua, uai (*André*).
> — ....
> — Ah! É qui nem quandu eu discubri "voua" e você dissi qui falava "voua" mas iscrevia "voa" no broquinho (*Cristiano*).
> (*O Cristiano se referia à lição da "vaca", onde aparecia as palavras "voa" e "voou".*)

No momento eu não me havia dado conta dessa possível generalização. As próprias crianças me abriam a oportunidade para tratar sistematicamente esse caso de expansão do monotongo em ditongo. Por que não aproveitá-la? E conversamos um pouco sobre "o passarinho que voa", "a mamãe que coa o leite porque o André não gosta de nata", "da nata que é boa para a saúde" etc.

É deixar as crianças operarem epilinguisticamente sobre seus próprios dados de linguagem, mas estar atenta para oferecer-lhes, nas circunstâncias oportunas, as condições para que façam, desse exercício lúdico, o ponto de apoio para as hipóteses generalizadoras indispensáveis para a transformação dos episódios em fonte de conhecimento e saber.

PEDAGOGIA DO ALFABETIZAR LETRANDO

Os erros típicos, entretanto, encontrados mais em um aluno, menos em outro, mas relativamente distribuídos por toda a classe, eram constituídos pelos casos problemáticos de correspondência entre som e letra:

sidade, soceguei, dizastre, prezente, aparesseu, sedo etc.

E, como tenho insistido, não há como corrigi-los sem oferecer às crianças oportunidade de se familiarizarem com as formas convencionais num processo teimoso e paciente de repetição.

Muitos desses desvios podem ser com vantagem relacionados a aspectos morfológicos, como já vimos. Assim, o caso da supressão final do "r" no infinitivo, mas também o "partil" do Daniel e o "morrerão" (por morreram) do Jean Carlos. O trabalho com a morfologia-padrão é, aliás, importante por outras razões: nesse domínio se manifestam diferenças sensíveis e bastante estigmatizadas da linguagem coloquial. Encontram-se disso muitos sinais nos textos das crianças:

"nós demu", "ficamu", "os dois ficaro", "fumu" etc.

Restam os problemas de pontuação, que não são poucos. Mas a minha experiência é de que as crianças conseguem revê-la quase sozinhas, quando seus textos são trazidos para a leitura em classe e pequenas dramatizações: sua própria entoação expressiva vai destacando as unidades de informação no texto e indicando a acentuação apropriada. Mas era o fim do ano e já não houve tempo para revisar com elas esses últimos textos.

O aspecto pedagógico mais importante, entretanto, é o professor ter bem consciência de que tais "desvios", sejam quais forem seu caráter ou discriminação social, não podem ser evitados todos de uma só vez. Eles vão estender-se certamente até quase o fim do 1° ciclo. Não quero com isto dizer que é para deixá-los como estão: um dos objetivos da escola é certamente levar os alunos a dominarem as normas urbanas de prestígio e as convenções da escrita, mas as crianças estão somente no início desse trabalho. Cuidando de selecionar para trabalho em classe ora um, ora outro desses desvios, sobretudo os generalizados e relativamente — sistemáticos, tratando individualmente aqueles que são próprios deste ou daquele aluno, avaliando-os somente pelos conteúdos desses programas especiais, o professor deve projetar esse processo para os vários anos de trabalho com a linguagem.

Principalmente, o professor deve acompanhar o tempo todo o trabalho de escrita dos alunos. Não pode estar postado lá na mesa vigiando por sobre os óculos e esperando os resultados: tem que estar disponível para as perguntas e já ter construído para as crianças a imagem dessa disponibilidade para que realmente se sirvam dela:

120

> — qui raiva! si eu num tivesse isquecido di perguntar pra você, eu escrevia "sosseguei" cum essis dois esses.
> — Puxa! Tem treis esses essa palavra!
> — Iiii! isqueci que os "oso" era cum esse. (*Reinaldo*).
> — Professora. O Jorge disse qui "desastre" é com esse.
> — É com esse di casa e é "desastre" i não "di"!

Essa troca de opiniões e mesmo discussões eram um excelente momento para confrontos e comparações. O aluno se sentia mesmo no direito de fazer suas opções contra as convenções da escrita e a linguagem-padrão. Por exemplo, a Fernanda tinha escrito a expressão: "e disse pra eu baxinho" que eu, sem consulta, troquei na transcrição por "e disse baixinho para mim". Mas ela protestou:

121

> — Professora, você não iscreveu do jeito qui eu disse. Eu disse "pra eu". Tá certo qui eu isqueci do "i" no "baixinho". Mais eu falo "pra eu baixinho". Você errou a minha escrita.

Ela tentava convencer-me de que lhe parecia esquisito o modo como eu havia escrito sua expressão. A questão, não era chegarmos a um acordo: era justamente poder servir-se a criança produtivamente dos desacordos, para dispor da opção de, às vezes, escrever como queria, outras vezes, escrever o mais próximo possível das exigências da norma escolar. E, na maioria dos casos, as crianças operavam com esta segunda opção.

Coloco, sem maiores comentários, três redações em que se observa bem o manejo da escrita-padrão. Descontados alguns chavões ("ficou muito triste", "foi para casa feliz") e uns poucos erros de grafia, essas redações são surpreendentes para o mês final de trabalho que ocupamos com elas.

A borboleta

Era uma borboleta muito bonita.

Ela ia no bosque e conversava com todos os animais.

A melhor amiga dela era a coruja.

Assim então ela ficou contente e foi para sua casa feliz e disse para a mamãe:

— Manhe como é bom tê amigos!

— Sim ter amigos é coisa melhor do mundo respondeu sua mãe.

(Karina)

A lotu e as vaca

Um homem chamado Carlos tinha 5 vacas.

Ele tirava leite e vendia por 10 mil cruzeiros e um dia ele ficou rico e ficou feliz porque ganhou na lotu.

— Que bom não te que trabalha, levanta sedo armuça ruim. Como é bom ganha na lotu!

E daquele dia o homem não teve mais que trabalhar e levantar sedo e só comia carne e frango e a carne era das vacas.

(Cristiano)

A flor morta

Uma borboleta estava voando e viu uma flor no jardim.

Outro dia, a borboleta voando, viu a flor morta e a borboleta ficou muito triste.

— Coitadinha da flor morta, vou levala pra minha casa. Em casa pois água na flor mais ela continuou morta.

— Num tem geito di cuida docê, frorzinha qui pena!

Nem eu falar ela escutou tava morta mesmo.

(Reinaldo)

> 1ª Serie A
> nome: R F J
> idade 7
>   A flor morta
>   Uma borboleta estava voando e viu uma
> flor no jardim.
>   Outro dia, a borboleta voando, viu a flor
> morta e a borboleta ficou muito triste.
>   — Coitadinha da flor morta vou
> levala pra minha casa.
>   Em casa pois água na flor mais
> ela continuou morta.
>   — hum tem geito di cuidá docê fazin
> ha qui pensa!
>   nem eu falar ela escutou ta morta
> mesme.

Essa consciência da norma urbana de prestígio e, ao contrário do caso da Fernanda, uma opção por ela como base para a escrita sobretudo do narrador pode ser vista em dois últimos exemplos. O Daniel, que apreciava particularmente buscar expressões mais formais (foi dele a expressão que já trouxe acima — "queria que ela [a borboleta] tivesse na minha carteira para acariciá-la e dizê-la"), usava, em outra redação, um raro verbo "haver", no sentido de existir.

Monte de cabeças viajando no foguete!

Um foguete pousou na lua e um monte de cabeças saiu para fora asustando todo mundo porque a cabeça do monte de cabeças era mostruosa.

O monte de cabeças ia e para onde ela passava todo mundo asustava. Ele ficou triste e resolveu voutar para o foguete e partil para sua casa.

Quando chegou em casa ele falou:

— Não a (há) lugar melhor que o lar.

Aí eu acordei i já tinha na cabeça... etc.

E o Jean Carlos, que em sua fala normalmente não utiliza a concordância verbal, somente no final da narrativa "desviou-se" da concordância padrão:

O dizastre

A gazolina do foguete acabou os homens pularam do avião, saltaram do avião com paraquedas e os paraquedas abriram.

— Deus meu onde estamos caindo?

E cairam no mar e todos morrerão. Os pais deles vai chorar muito.

> **J. C. S.** (8 anos) idade: 1ª série A
>
> *O dizastre*
>
> A gasolina do foguete acabou os homens pularam do avião, saltaram do avião com paraquedas e os paraquedas abriram
>
> — Deus meu onde estamos caindo!
>
> E cairâm no mar todos morrerão. Os pais deles vai chorar muito.

Começa a haver, pois, por parte da criança, um controle formal, que se combina com uma busca dos padrões institucionalmente aceitos. De certo modo, poder-se-ia falar em um "policiamento consciente": mesmo que eu evitasse discriminar as expressões de sua modalidade oral (para deixar que o texto fluísse espontaneamente), não se pode subestimar nem o acesso prévio das crianças às formas-padrão, nem as correções e discriminações linguísticas que certamente se estendem além da escola. Em outros termos, assiste-se ao surgimento de uma concepção do texto com um caráter institucional: as crianças são livres também para exigir do texto, por sua própria natureza um objeto social e público, qualidades de aceitabilidade e valorização social que logo descobrem estar associadas às normas urbanas de prestígio.

Alguns autores, referindo-se a esse fato, explicam-no de modo preconceituoso. Falam em um "sentimento da linguagem" que levaria o aluno a descobrir a "natural vocação para as belezas e graças da expressão correta e bem construída". (Alguns vão mais longe, vendo na "norma culta" um "ideal linguístico" que acaba por se impor por sua plasticidade e elegância.) Não se trata, evidentemente, disso. É qualquer coisa como um moleque que, de repente, não quer sair mais em público de calças curtas. Explico-me: a busca de certos padrões urbanos de prestígio depende crucialmente do caráter social e público do texto. Daí a importância de ampliar o espaço social dos escritos iniciais das crianças, tornando-os objeto de troca, de intercâmbio. Não exclusivamente na relação estreita entre aluno e professor que avalia e corrige, mas na relação ampliada entre todos os alunos e entre os alunos e seus familiares. A isso serviram bem as estratégias como a inclusão das legendas e pequenas histórias das crianças no *Primeiro livro* (publicá-las!) ou a festa da leitura, ou o estímulo para tornar alguns textos um presente de Páscoa etc. Socializar o texto significa também mais do que esperar das crianças "um texto expressivo e original", "espontâneo",[13] em uma espécie de linguagem privada (existe linguagem privada?), levá-las a produzir um texto comunicativo, publicável, legível e interpretável pelos parceiros da experiência.

Fim do ano. O projeto pedagógico para a continuação do trabalho, nos próximos anos, deveria prever uma extensão dessa nova base conceitual sobre o texto, uma ampliação das habilidades de leitura e escrita, permitindo aos alunos analisar e rever seus próprios textos e os textos de outros autores, descobrindo-se neles ou reconstruindo-os criticamente. Ampliar, ao lado do contexto interacional e social em que a escrita nasceu na sala de aula, o espaço intertextual para, proporcionalmente, ampliar as condições de construção da significação e de interpretação dos significados construídos. Dizendo de outro modo: fazer da interação na sala de aula, concreta e mesmo afetiva, um ritual de passagem para o espaço cultural e simbólico mais amplo, a que todos têm direito.

---

13. Pode ser que textos espontâneos, que a criança "escreve" parte com o material gráfico que conhece e parte com aparências de escrita, tenham algum papel em uma etapa inicial da alfabetização (uma aparência de texto, como os grafismos em relação ao nível alfabético da escrita). Fala-se que a criança manifesta nesses textos intenções de textualidade: ao professor caberia somente entrar nesse jogo "atribuindo", de sua parte, significações ao texto. Prefiro, entretanto, insistir na importância do esforço conjunto para superar, via instrumentação, essas manifestações iniciais. Penso, mesmo, que a avaliação pedagógica positiva dessas experiências merece uma reflexão mais cuidadosa.

Considerações finais

A estruturação deste livro, salientando aspectos relevantes e tópicos específicos dos processos de alfabetização e letramento em sala de aula, mostrou uma certa independência entre os diversos capítulos, apesar de refletirem um trabalho gradual e progressivo sob os mesmos pressupostos teóricos. Cada um dos capítulos, dentro de seus próprios limites, apresentaram-se de certa forma conclusivos. Não, obviamente, no sentido de que encerrem um trabalho que supõe continuidade e constância durante quase todo o 1º ciclo, mas na medida em que exploram certas proposições teóricas e metodológicas e avaliam os resultados de tomá-las como hipóteses do trabalho pedagógico.

Vale a pena, porém, nesta parte final, enunciar resumidamente as principais convicções que se foram formando no curso da prática e da análise dessa prática, em relação aos temas abordados. Aqui elas terão um ar mais categórico, simplesmente porque, em um certo momento da reflexão, tenho que colocar entre parênteses minhas dúvidas e, com base no trabalho que pude desenvolver, transformar as hipóteses em pontos de apoio para a reflexão crítica subsequente.

Proporcionar um ambiente letrado e agradável desde o início da escolaridade, onde a naturalidade narrativa e expressiva da criança nunca seja aprisionada por regras do "bem dizer" é a melhor maneira de favorecer a desinibição do aluno e possibilitar-lhe o exercício de uma fluência verbal espontânea que fazem eclodir o repertório individual a ser trabalhado conjuntamente na alfabetização e no letramento. Como as classes são compostas de alunos de diferentes origens sociais, de diferentes hábitos linguísticos, de diferentes valores e comportamentos individuais, o tratamento natural da maneira de exprimir-se das crianças é o modo de desfazer a desigualdade, dissolvendo-a na compreensão e aceitação recíprocas. Essa atitude é condição mínima de uma interação em que não há qualquer discriminação à "publicidade" da fala: deixa-se aflorar o direito de cada um de propor, duvidar, interrogar, opinar, responder e rejeitar; sobretudo, o direito de cada um de estabelecer uma relação própria com sua palavra.

Durante a análise de meu trabalho e seus resultados, ficaram em evidência duas consequências benéficas, para a aprendizagem, dessa ambientação do alfabetizar letrando em uma rica interação e atividade orais. Do ponto de vista linguístico, essa parece ser a melhor solução para o conflito a que aludi na introdução; por um lado, a criança chega à escola dominando as estruturas fundamentais de sua linguagem e já a exercita de modo pleno para objetivos comunicativos e expressivos em sua atividade coloquial cotidiana; por outro lado, no caso da escrita, a criança está necessitada de um aprendizado sistemático das convenções gráficas, o que a limita a um exercício parcial e fragmentário, muito distante da riqueza de sua oralidade.

Em um primeiro momento, a atividade oral oferecia o suporte contextual necessário em que as primeiras manifestações possíveis de escrita ganhavam sua significação atualizada. Não se limitava a criatividade verbal da criança, que se expandia nas conversas, discussões, relatos circunstanciais. Ao mesmo tempo, criava-se o espaço necessário para fazer ganharem vida, dentro dele, as palavras que respondiam a certas necessidades de gradualidade no domínio do sistema gráfico, mesmo quando não vinculadas à cotidianidade das crianças e à cultura local (nossas "emas" e "mimos", "cucos e cuias", "arreios" e "rumos"). Nesse caso, o conhecimento das grafias era acompanhado de outra forma de desenvolvimento lexical e nocional.

Além disso, resolve-se um segundo conflito. Os métodos que dão ênfase à compreensão da palavra escrita no início da escolaridade, sugerem que se deva operar, desde logo, com objetos linguísticos escritos extremamente complexos. A inserção da escrita em um contexto

PEDAGOGIA DO ALFABETIZAR LETRANDO

oral evita seus defeitos mais notados: sem perder nada em termos de significação e contextualização, são oferecidas, às crianças, condições de operarem inicialmente sobre elementos simples, em que a correspondência mais estreita entre grafias e sons (as famílias fonêmicas do 'pa'/'ba', do 'ta'/'da', do 'fa'/'va') permite explorar a hipótese inicial da criança sobre a correlação entre escrita e fala. Possibilita, ainda, mais facilmente, a formação da hipótese da escrita como um sistema combinatório e produtivo: a partir de objetos iniciais, ser capaz de construir novos objetos complexos por processos de análise e síntese. Penso que, colocando o aprendizado da norma escrita no pano de fundo da oralidade, consegui reunir as vantagens de duas vertentes técnicas: a tendência a explorar as possibilidades combinatórias do sistema gráfico (sobretudo, no meu caso, operando sobre unidades silábicas) e a tendência que respeita o pressuposto da escrita inicial já como representação significativa. Conciliei, ainda, a necessidade de partir-se de palavrinhas vinculadas à cotidianidade das crianças nas suas práticas sociais e a importância de tornar cotidianas novas e surpreendentes palavras, num trabalho concomitante de alfabetização e letramento.

Posso fazer, agora, algumas observações finais sobre o desenvolvimento cognitivo e conceitual. Embora o acesso assistemático das crianças aos artefatos da indústria cultural já lhes possibilitem formular hipóteses preliminares sobre a escrita, sua natureza simbólica e propriedades específicas, o alfabetizador pode criar as condições estimulantes adequadas para um mais rápido desenvolvimento conceitual. Com uma ampla exposição dos alunos aos fatos relevantes, relativos a diferentes processos simbólicos, à natureza rítmica da fala e da composição de suas unidades, pude ver as crianças, num breve período preparatório, escalarem rapidamente dos níveis inferiores de conceitualização aos níveis superiores satisfatórios já para um trabalho aproximativamente homogêneo.

Devo destacar, no caso, a extraordinária importância da opção decisiva por um trabalho conjunto, dialogal. É nele, como resultado da contribuição recíproca de crianças, com diferentes níveis de desenvolvimento, que as hipóteses conceituais mais facilmente são estabelecidas e examinadas criticamente. A chave metodológica é a de que o conhecimento não é somente o resultado de um trabalho isolado do sujeito, mas o fruto (ainda outra vez) de um processo interativo e mesmo conflitivo. E esse é o melhor caminho para assegurar às crianças, com suas diferenças, uma socialização mais distributiva dos conhecimentos.

De fato, pude observar que foi sempre no diálogo e nas discussões entre as crianças que se explicitaram as hipóteses relativas a novos aspectos da linguagem, como a hipótese fundamental das irregularidades na correlação entre a fala e a escrita. Em um primeiro momento, a discussão incidia sobre alguns fatos isolados derivados das discordâncias entre as modalidades coloquial e padrão da escrita ou de problemas decorrentes do próprio sistema gráfico (o contraste, por exemplo, entre [fumu] e 'fomos' ou [discupa] e 'desculpa'; o 'ka' e o 'ca' da [Karina] e da [Camila], o 'ce' e o 'se' de [cebola] e de [série]). Na medida, porém, em que tais observações se tornavam o tema de uma conversa, "tematizavam-se" logo na forma de hipóteses de generalização provisória.

O professor alfabetizador deve estar sempre atuante e disponível para aguçar a sensibilidade e a atenção das crianças para o material de fato relevante e preparar a situação em que elas possam participar ativamente desse trabalho de construção de hipóteses. Deve, ainda, explorar imaginativamente essa situação, para fazer surgirem novos fatos, mediante os quais elas as confirmem ou reelaborem, avançando pouco a pouco na especificação dos inúmeros casos em que a não correspondência entre fala e escrita se manifesta. Preciso fazer três observações sobre isto.

Em primeiro lugar, insisto sobre a importância de distinguir cuidadosamente, para a seleção das estratégias pedagógicas e atividades em sala de aula, duas diferentes questões que as crianças levantam à sua primeira hipótese de uma correlação mais estreita entre fala e escrita. Por um lado, as que decorrem da contraposição entre a modalidade coloquial da criança e a modalidade padrão da escrita supõem menos um trabalho sobre grafias e mais um domínio harmônico (no nível da manifestação oral) dessas duas modalidades. Por outro lado, as dificuldades decorrentes da inconsistência das convenções gráficas exigem uma familiaridade com as formas escritas das palavras, supondo exercícios contínuos: aproveitar todas as oportunidades para recolocá-las em foco em diferentes contextos e situações e criar, imaginativamente, as circunstâncias para esse "reaparecimento".

Em segundo lugar, o professor deve saber que a definitiva incorporação desse aprendizado circunstancial à "normalidade" da escrita não é trabalho para um ano só: deve estender-se a quase todo o primeiro ciclo de escolaridade. (Pode-se observar nos primeiros textos das crianças, apesar do seu grande avanço em relação às "escritas" do início do ano, a permanência de inúmeros problemas.) Disso decorre a necessidade de situar o domínio da escrita em uma perspectiva a longo prazo e trabalhar com as crianças (e avaliá-las!) em passos sucessivos: um problema de cada vez, dando tempo ao tempo.

Finalmente, é fundamental distinguir os elementos inteiramente arbitrários da escrita e os aspectos diferenciais que podem ser tratados sistematicamente, seja com base em restrições de posição (casos como pedi/pede, iscola/escola etc.), seja com base em variações dialetais determinadas (broco/bloco, padero/padeiro etc.), seja com o apoio de regularidades baseadas na morfologia da língua (belesa/beleza, cortô/cortou, falaro/falaram etc.). Míriam Lemle (1987) ordenou esses diferentes aspectos em três distintas etapas da alfabetização. Faço somente um reparo que deve merecer, porém, estudos mais cuidadosos. Na prática do alfabetizar letrando, aproveitando as "descobertas" dos próprios alunos e explorando as questões que eles mesmos levantavam, não me pareceu aconselhável estabelecer uma seriação muito rígida: em um mesmo período, estava frente a questões envolvendo esses diferentes aspectos e pude explorar, com sucesso, em uma mesma etapa, tanto regularidades baseadas na posição, quanto regularidades baseadas em diferenças dialetais sistemáticas e regularidades baseadas em aspectos morfológicos. Servi-me das oportunidades em que esses diferentes aspectos se colocavam em evidência no processo de descoberta dos alunos. Na verdade, quando as crianças rompem a barreira da hipótese do "casamento monogâmico" entre a escrita e a fala, todos eles explodem e o professor não consegue evitar tratá-los numa mesma etapa (com as reservas que fiz acima).

Quando os linguistas insistem, com razão, na grande diferença entre escrita e fala e nos advertem contra a redução da alfabetização a um exercício de transposição desta naquela, penso interpretá-los corretamente dizendo que o alfabetizador não pode deixar de colocar esse fato fundamental em perspectiva. Nem por isso ele pode deixar de levar em consideração e respeitar no processo pedagógico a progressão do próprio desenvolvimento conceitual da criança sobre a escrita: de uma correlação estrita entre os sistemas gráfico e oral a uma hipótese decisiva sobre a não correspondência entre a escrita e a fala. Esse passo é o início de um desenvolvimento conceitual, que me surpreendeu pela rapidez, relativo já à própria concepção de texto. Mas isso merece uma referência especial, que farei logo abaixo. Antes, uma palavrinha sobre a questão da contraposição entre a norma urbana de prestígio e a realidade da fala das crianças.

Quando tenho insistido na importância de o professor jamais discriminar as crianças ou suas falas e escritas por suas diferentes modalidades de linguagem espontânea, mais estigmatizadas socialmente, logo me perguntam: então não é mais para ensinar a "norma culta"? Não é mais para corrigir nada? A polêmica é falsa e sem propósito. O respeito à modalidade coloquial das crianças não é incompatível com o aprendizado da norma urbana de prestígio (que muitos ainda chamam de"norma culta" em contraposição a outro modo de falar preconceituoso que seria então a "norma inculta"). Ao contrário, como ambas sempre estiveram associadas, desde o início dos processos de alfabetização e de letramento, seja nas primeiras elaborações de texto, seja durante toda a instrumentação, foi muito mais fácil à criança compreender as variações linguísticas, perceber os valores sociais atribuídos a uma e outra, progredir no domínio da norma urbana de prestígio a ponto de, em certos casos, poder optar segundo as circunstâncias de seu texto.

A produção de textos, no sentido amplo que demos ao termo, não foi de modo algum uma espécie de coroação do processo. Ao contrário, essa atividade começou antes mesmo da alfabetização no sentido mais restritivo. Desde as brincadeiras de círculo e nas primeiras aulas, as crianças se ocuparam, numa atividade dialógica, em construir os textos, enquanto eu funcionava como seu escriba e copista. Assim compuseram as legendas de seus desenhos e mesmo relatos de ocasião para o seu futuro *Primeiro livro*. Assim compuseram pequenas histórias. Assim recompuseram e reelaboraram, com minha orientação, os textos da cartilha, tornando-os mais adequados a suas intenções significativas. Na verdade, a produção de textos e sua "leitura" envolveram os processos de alfabetização e letramento e lhe forneceram a base para o exercício escrito. Poderia falar em uma perspectiva "discursiva" do ensino da norma escrita ou na igual ênfase que se deve colocar nas relações entre as práticas sociais da leitura e da escrita e na aprendizagem de sua técnica.

É importante lembrar que escrever não deve ser considerado somente "dom" ou o resultado de uma "inspiração" individual. De novo, ressalto o proveito para os alunos de uma construção negociada e partilhada de seus diferentes textos. Foi também no espaço de uma rica oralidade, entre as concordâncias e discordâncias, achados singulares e apreciação coletiva, que esses textos ganharam sua forma e composição. O texto se tornou definitivamente escrito somente quando as crianças se sentiram suficientemente instrumentadas. No início, puderam usá-lo como instrumento de comunicação, quase ainda substitutivo da fala, em situações cotidianas e de sala de aula. Logo, porém, tanto o texto, como o próprio sistema gráfico, começou a ganhar sua autonomia: as crianças passaram de um texto "instrumento" para um texto "artefato". Enfim, a elaboração do texto foi se tornando um processo lúdico, criativo, de construção de representações e de significações próprias, e o texto um objeto de apreciação e de prazer.

Mas não nos façamos ilusões. Nada disso seria possível sem levar em conta os aspectos perceptivos, motores e manipulativos do domínio da escrita e sem dar muita atenção aos aspectos técnicos da instrumentação dos alunos, ocupando-se gradual e longamente com eles, coletiva e individualmente.

Tenho razões para considerar positivamente os resultados obtidos. Eles puderam ser constatados na leitura fluente da festa do *Primeiro livro* e nos escritos que comentei e exemplifiquei no último capítulo. Eles se confirmam, também, em uma comparação simples. Dos vinte e cinco alunos que iniciaram o trabalho comigo dois alunos deixaram a escola por motivos de mudança. Dos vinte e três restantes, dois tiveram seu aproveitamento prejudicado por razões de saúde (quase 40% de ausências em relação ao número de aulas), e uma única aluna não obteve sucesso, embora tivesse participado animadamente de todas as atividades. De qualquer modo, mesmo esses três alunos conseguiram progressos significativos (alcançaram o nível alfabético), apesar das dificuldades com os aspectos produtivos do sistema gráfico e na leitura.

Considerando esses três alunos como casos de não aprovação, de acordo com os antigos padrões da escola, tem-se um excelente resultado: um sucesso na alfabetização para 87% dos alunos. Basta lembrar que o fracasso na etapa inicial do ensino fundamental continua ocorrendo sim, e de forma excepcional. É o que têm mostrado as avaliações, não só internas nas escolas, mas em nível estadual, nacional e internacional: grandes contingentes de alunos não alfabetizados ou semialfabetizados mesmo depois de quatro, seis, oito anos de escolarização.

Espero ter mostrado que é possível modificar profundamente essa história de fracassos, mesmo em condições habituais da rede pública do ensino e com materiais didáticos simples, com uma correta alteração de método.

Método? Alguns críticos da educação não têm insistido justamente em que o método não produz conhecimento? E qual foi precisamente a meu método: ele não pareceria a alguns uma seleção eclética (com uma certa conotação pejorativa) de procedimentos inscritos em diferentes métodos?

Retomo, para concluir, uma distinção que fiz no prefácio e reafirmei na introdução. Devo, provavelmnete, concordar em que explorei as possibilidades técnicas propostas em vários procedimentos. Nesse caso, há qualquer coisa de ecletismo. Estamos, porém, falando de técnicas, variáveis e variavelmente adaptáveis às condições específicas

PEDAGOGIA DO ALFABETIZAR LETRANDO

da sala de aula, de sua realidade e das relações que nela se estabelecem. Mas falo de método em um sentido mais amplo e abrangente: aquela reflexão e planejamento que envolvem pressupostos e concepções sobre o objeto do ensino/aprendizagem, atitudes e princípios gerais norteadores da prática.

Resumo:

— concebe-se a linguagem como um trabalho, uma atividade construtiva, constitutiva, histórica e social que supõe a interação;

— nessa atividade se constituem as significações e as representações;

— o aprendizado da escrita deve ser desde o início significativo e, pois, contextualizado discursivamente;

— essa contextualização se dá pela mediação da oralidade;

— a mediação da oralidade supõe um grande respeito à realidade linguística da criança;

— enquanto nas atividades orais se mantém e se desenvolve a criatividade verbal do aluno, o alfabetizador cuida de instrumentá-lo nos aspectos técnicos da escrita(alfabetização);

— nesse caso, é preciso estabelecer, com base em pressupostos cognitivos, linguísticos e psicológicos, os passos graduais da alfabetização segundo uma hierarquia de dificuldades;

— durante e concomitantemente a este processo, é fundamental a participação do educando em vários eventos, práticas e interações sociais diversas para que, através de sua oralidade se promova o uso efetivo da escrita (letramento);

— semeada no discurso oral, a escrita progride e desabrocha na produção efetiva de pequenos textos.

Enfim, a entrada da criança no mundo da escrita deve articular de modo dinâmico, simultâneo e indissociável os dois processos diferentes mas interdependentes: alfabetização e letramento.

É com base nesses princípios metodológicos abrangentes que se torna possível generalizar a minha prática, deixando-se larga margem para o planejamento do professor com seu próprio modo de ser e de fazer.

Mesmo diante do panorama crítico em que ainda se encontra a educação brasileira, especialmente nos primeiros anos de escolaridade, não considero ilusório um quadro de esperança e realismo conscientes da possibilidade de uma educação transformadora. Entretanto, é fundamental uma boa capacitação docente e que sejam estabelecidas políticas públicas de valorização dos professores diante da sociedade atual e diante de si mesmos. Será o começo do começo de um ensino público mais justo, democrático e de qualidade, de uma escola pública mais humana, eficiente e emancipatória, desde as séries iniciais do ensino fundamental.

De qualquer modo, espero que esta leitura provoque nos alfabetizadores o desejo por uma revisão e redimensionamento efetivos da dimensão pedagógica do alfabetizar letrando.

Bibliografia

ABAURRE, M. B. M. Processos fonológicos segmentais como índices de padrões prosódicos diversos nos estilos formal e casual do português do Brasil. *Cadernos de Estudos Linguísticos*, n. 2, IEL-Unicamp, Departamento de Linguística, 1981.

_____. Regionalismo linguístico e a contradição da alfabetização no intervalo. Comunicação apresentada no Seminário Multidisciplinar sobre Alfabetização. PUC-São Paulo, 1983.

_____; FIAD, R. S.; MAYRINK-SABINSON, M. L. T. *Cenas de aquisição da escrita — O sujeito e o trabalho com o texto*. Campinas: Mercado de Letras, 2002.

CAGLIARI, L. C. *Textos espontâneos na primeira série*. IEL-Unicamp, Departamento de Linguística, 1984. (Mimeo.)

_____; MAGALHÃES, M. A. C. C.; LIMA, S. C. *Leitura e escrita na vida e na escola*. IEL-Unicamp, Departamento de Linguística, 1985. (Manuscrito.)

AEBLI, H. *Didática psicológica*. 3. ed. São Paulo: Nacional, 1978.

ATTIÉ-FIGUEIRA, R. Aprendendo a estrutura dos enunciados que indicam mudança de estado, locação, sem a participação de agente. *Cadernos de Estudos Linguísticos*, n. 3, IEL-Unicamp, Departamento de Linguística, 1982.

BACHMANN, C.; LINDENFELD, J.; SIMONIN, J. *Langage et communications sociales*. Paris: Hatier, 1981.

BACK, E. Ensino da língua e integração social. In: *Linguística e Ensino do Vernáculo*, revista *Tempo Brasileiro*. n. 53-4. Rio de Janeiro: Tempo Brasileiro, 1978.

BAKHTIN, M. *Estética da criação verbal*. São Paulo: Martins Fontes, 2003.

BALZAN, N. O estudo do meio. In: *Didática para a escola de 1º e 2º graus*. São Paulo: Edibell, 1972.

_____. A pesquisa em didática: realidades e propostas. In: CANDAU, V. M. (Org.). *A didática em questão*. Petrópolis: Vozes, 1983.

BEISIEGEL, C. de R. *Estado e educação popular*. São Paulo: Pioneira, 1974.

BERNARDO, G. *Redação inquieta*. Rio de Janeiro: Globo, 1985.

BERNSTEIN, B. (Org.). *Class, codes and control*. Londres: Routledge & Kegan Paul, n. 2, 1973.

_____; ZELAN, K. *Psicanálise da alfabetização*. Porto Alegre: Artes Médicas, 1984.

BISOL, L.; VEITT, M. H. D. Interferência de uma segunda língua na aprendizagem da escrita. In: TASCA; POERSCH (Orgs.). *Suportes linguísticos para a alfabetização*. Porto Alegre: Sagra, 1986.

BISSERET, N. *Education, class language and ideology*. Londres: Routledge & Kogan Paul, 1979.

BOGDAN, R.; BIKLEN, S. K. *Qualitative research for education*. Boston: Allyn & Bacon, 1982.

BOREL, M. S. *Langage oral et écrit*: pédagogie des notions de base. Paris: Delachaux et Niestlé, 1966.

BOURDIEU, P.; PASSERON, J. C. *A reprodução*: elementos para uma teoria do sistema de ensino. Rio de Janeiro: Francisco Alves, 1975.

BOUVIER, J. C. (Org.). *Tradition orale et identité culturelle*. Paris: CNRS, 1980.

BRAGA, D. B. A compreensão do texto didático: um assunto a ser pesquisado. *Trabalhos em Linguística Aplicada*, n. 2, IEL-Unicamp, Departamento de Linguística Aplicada, 1983.

BRANDÃO, C. R. (Org.). *Pesquisa participante*. São Paulo: Brasiliense, 1981.

_____. Pesquisar, participar. In: BRANDÃO, C. R. (Org.). *Pesquisa participante*. São Paulo: Brasiliense, 1981.

_____. *O que é o método Paulo Freire*. São Paulo: Brasiliense, 1981.

BRANDÃO, Z. *Democratização do ensino*: meta ou mito? Rio de Janeiro: Francisco Alves, 1979.

BRITO, P. L. Em terra de surdos-mudos. In: GERALD (Org.). *O texto na sala de aula*. Cascavel: Assoeste Editora Educativa, 1984.

CAGLIARI, L. C. *Elementos de fonética do português brasileiro*. 1981. Tese (Livre-Docência). IEL-Unicamp.

_____. Leitura e alfabetização. *Cadernos de Estudos Linguísticos*, n. 3, IEL-Unicamp, Departamento de Linguística, 1982.

CALVET, L. J. *La tradition orale*. Paris: PUF, 1981.

CAMACHO, R. G. *Conflito entre norma e diversidade dialetal no ensino da língua portuguesa*. 1984. Tese (Doutorado). Unesp-Araraquara.

_____. Variação linguística e ensino de língua. In: SEMINÁRIOS DO GEL, 7., *Anais...*, Lins, 1986.

CAMAIONI, L. Child-adult and child-child conversations: an interactional approach. In: OCHS, E.; SCHIEFFELIN (Orgs.). *Developmental pragmatics*. Nova York: Academic Press, 1979.

CANDAU, V. M. (Org.). *A didática em questão*. Petrópolis: Vozes, 1983.

_____. A didática e a formação de educadores — da exaltação à negação: a busca da relevância. In: *A didática em questão*. Petrópolis: Vozes, 1983.

CARRAHER, T. N. (Org.). *Aprender pensando*. Recife: Secretaria de Estado da Educação/UFPE, 1983.

_____. Alfabetização e pobreza. In: KRAMER (Org.). *Alfabetização*: dilemas da prática. Rio de Janeiro: Dois Pontos, 1986.

_____; REGO, L. B. O realismo nominal como obstáculo na aprendizagem da leitura. *Cadernos de Pesquisa*, n. 39, São Paulo: Fundação Carlos Chagas, 1981.

CASTRO, A. D. *Piaget e a didática*. São Paulo: Saraiva, 1971.

CASTRO CAMPOS, M. F. P. de; LEMOS, C. T. G. de. On the failure of the interactional paradign in linguage acquisition: a re-avaluation. In: DOISE, W.; PALMONARI, D. (Orgs.). *Individual and social development*. Londres: Academic Press, 1985.

CAZDEN, C. B. La lengua escrita en contextos escolares. In: FERREIRO, E.; PALACIO, M. G. (Orgs.). *Nuevas perspectivas sobre los procesos de lectura y escritura*. México: Siglo XXI, 1982.

CENP (Coordenadoria de Normas Pedagógicas da Secretaria de Educação do Estado de São Paulo). *Proposta para o ensino da língua portuguesa*: 1º grau (Anteprojeto). São Paulo: SE-Cenp.

_____. *Revendo a proposta de alfabetização*. São Paulo: SE-Cenp, 1985.

_____. *Progressão continuada da aprendizagem no Ensino Fundamental organizado em Ciclos*. Documento para estudo da equipe escolar. São Paulo: SE-Cenp, 2011.

CHIAPPINI-LEITE, L. M. *Invasão da catedral*. Porto Alegre: Mercado Aberto, 1983.

DE LEMOS, C. T. G. *Teorias da diferença e teorias do déficit*: reflexões sobre programas de intervenção na pré-escola e na alfabetização. IEL-Unicamp, Departamento de Linguística, s.d. (Mimeo.)

_____. *The child construction of language*. Londres: Academic Press, 1981.

_____. *Interacionismo e aquisição de linguagem*. IEL Unicamp, Departamento de Linguística, 1986.

DE MELLO, G. N. *Escola Nova, tecnicismo e educação compensatória*. 2. ed. São Paulo: Loyola, 1986.

_____. *Magistério de 1º grau*: da competência técnica ao compromisso político. 7. ed. São Paulo: Cortez, 1987.

DE PAIVA, M. C. A. Ortografia e alfabetização. *Boletim*, Associação Brasileira de Linguística (Abralin), n. 7, 1986.

DOWNING, J. La influencia de la escuela en el aprendizaje de la lectura. In: FERREIRO, E.; PALACIO, M. G. (Orgs.). *Nuevas perspectivas sobre los procesos de lectura y escritura*. México: Siglo XXI, 1982.

FERREIRO, E. La práctica del dictado en el primer ano escolar. *Cuadernos de Investigaciones Educativas*. México: Centro de Investigación y de Estudios Avanzados del IPN, 1984.

_____. A representação da linguagem e o processo de alfabetização. *Cadernos de Pesquisa*, n. 52. São Paulo: Fundação Carlos Chagas, 1985.

FERREIRO, E. *Reflexões sobre a alfabetização*. São Paulo: Cortez, 1986a.

_____. *Alfabetização em processo*. São Paulo: Cortez, 1986b.

FERREIRO, E.; PALACIO, M. G. *El niño preescolar y su compreensión del sistema de escritura*. México: Organização dos Estados Americanos, 1979.

_____ (Orgs.). *Nuevas perspectivas sobre los procesos de lectura y escritura*. México: Siglo XXI, 1982a.

_____. *Análisis de las perturbaciones en el proceso de aprendizaje de la lecto-escritura* (fascículos 2 e 1). México: Organização dos Estados Americanos, 1982b.

FERREIRO, E.; TEBEROSKY, A. *Los sistemas de escritura en el desarrollo del niño*. México: Siglo XXI, 1979.

FONSECA, M. S. V.; NEVES, M. F. (Orgs.). *Sociolinguística*. Rio de Janeiro: Eldorado Tijuca, 1974.

FRANCHI, C. *Mas o que é mesmo GRAMÁTICA?* São Paulo: Parábola Editorial, 2006.

_____. *Linguagem atividade constitutiva*. São Paulo: Parábola Editorial, 2011.

FRANCHI, E. *E as crianças eram difíceis* — A Redação na escola. São Paulo: Martins Fontes, 2008.

FREIRE, P. *Educação como prática da liberdade*. Rio de Janeiro: Paz e Terra, 1967.

_____. *Pedagogia do oprimido*. 6. ed. Rio de Janeiro: Paz e Terra, 1976.

_____. *Ação cultural para a liberdade*. Rio de Janeiro: Paz e Terra, 1976.

_____. Criando métodos de pesquisa alternativa: aprendendo a fazê-la melhor através da ação. In: BRANDÃO, C. R. (Org.). *Pesquisa participante*. São Paulo: Brasiliense, 1981.

_____. *A importância do ato de ler*. São Paulo: Cortez, 1982.

_____; GUIMARÃES, S. *Sobre educação (diálogos)*: 1-2. Rio de Janeiro: Paz e Terra, 1984.

_____; FAUNDES, A. *Por uma pedagogia da pergunta*. Rio de Janeiro: Paz e Terra, 1985.

_____. *Universidade e compromisso popular*. Seminário na PUC-Campinas, 1986.

GEBARA, E. J. A. Romualdo; ALKMIN, T. M. A linguística e o ensino da língua materna. In: GERALDI, J. W. (Org.). *O texto na sala de aula*. Cascavel: Assoeste Editora Educativa, 1984.

GERALDI, J. W. (Org.). *O texto na sala de aula*. Cascavel: Assoeste Editora Educativa, 1984.

_____. Concepções de linguagem e ensino do português. In: _____ (Org.) *O texto na sala de aula*. Cascavel: Assoeste Editora Educativa, 1984.

GNERRE, M. *Linguagem, escrita e poder*. São Paulo: Martins Fontes, 1985.

GUIMARÃES, Maria Flora. *Por uma proposta de articulação de leitura e escrita como práticas sociais*.1999. Dissertação (Mestrado) — Curso de Pós-graduação em Filologia e Língua Portuguesa, USP, São Paulo. 141 f.

GOODMAN, S. K. El proceso de lectura: consideraciones através de las lenguas y del desarrollo. In: FERREIRO, E.; PALACIO, M. G. (Orgs.). *Nuevas perspectivas sobre los procesos de lectura y escritura*. México: Siglo XXI, 1982.

HADLER-COUDRY, M. I. *Diário de Narciso*: avaliação e acompanhamento longitudinal da linguagem de sujeitos afásicos, de uma perspectiva discursiva. 1986. Tese (Doutorado) — IEL-Unicamp, Campinas.

HALLIDAY, M. K. *Learning how to mean*. Londres: Edward Arnold, 1975.

ILARI, R. *A linguística e o ensino da língua portuguesa*. São Paulo: Martins Fontes, 1985a.

_____. *O que significa ensinar língua materna?* IEL-Unicamp, Departamento de Linguística, 1985b. (Mimeo.)

KATO, M. Projeto e elaboração de material para a alfabetização do adulto. *Linguística e Ensino do Vernáculo*, Rio de Janeiro, Tempo Brasileiro, n. 53-4, 1978.

_____. *O aprendizado da leitura*. São Paulo: Martins Fontes, 1985.

_____. *No mundo da escrita*: uma perspectiva sociolinguística. São Paulo: Ática, 1986.

KLEIMAN, Angela B. Modelos de letramento e as práticas de alfabetização na escola. In: _____ (Org.). *Os significados do letramento*. Campinas: Mercado de Letras, 1995.

_____. Letramento e formação do professor: quais as práticas e exigências no local de trabalho? In: _____ (Org.) *A formação do Professor*. Perspectivas da Linguística Aplicada. Campinas: Mercado de Letras, 2001.

KLEIMAN, Angela B. *Preciso "ensinar" o letramento? Não basta ensinar a ler e escrever?* Campinas: Cefiel — Unicamp; MEC, 2005.

_____. Professores e agentes de letramento: identidade e posicionamento social. *Revista Filologia e Linguística Portuguesa*, n. 8, 2006a.

_____. Processos identitários na formação profissional: o professor como agente de letramento. In: CORRÊA, Manoel L. G.; BOCH, Françoise. (Orgs.). *Ensino de Língua*: representação e letramento. Campinas: Mercado de Letras, 2006b.

KRAMER, S. (Org.). *Alfabetização:* dilemas da prática. Rio de Janeiro: Dois Pontos, 1986.

_____. Alfabetização: dilemas da prática. In: _____ (Org.), 1986a.

_____. Diferentes significados da alfabetização. *Ande*, n. 10, 1986b.

KRAMER, S.; ABRAMOVAY, M. Alfabetização na pré-escola: exigência ou necessidade. *Cadernos de Pesquisa*, n. 52. São Paulo: Fundação Carlos Chagas, 1985.

LABOV, W. Estágios na aquisição do inglês standard. In: FONSECA, M. S.; NEVES, M. F. (Orgs.). *Sociolinguística*. Rio de Janeiro: Eldorado Tijuca, 1974.

LAHUD, M. Linguagem e ideologia. *Cadernos de Estudos Linguísticos*, n. 2, IEL-Unicamp, Departamento de Linguística, 1981.

LAJOLO, M. Lê-se para viver o que se leu. *Educação Democrática*, n. 18, SEE-São Paulo, 1985.

LEMLE, M. Heterogeneidade dialetal: um apelo à pesquisa. *Linguística e Ensino do Vernáculo*, n. 53-4. Rio de Janeiro: Tempo Brasileiro, 1978.

_____. A variação na forma fonológica — relevância na alfabetização. *Boletim*, Associação Brasileira de Linguística (Abralin), n. 5, 1983a.

_____. A tarefa da alfabetização: etapas e problemas do português. *Letras de Hoje*, ano 15, n. 4, 1983b.

_____. *Guia teórico do alfabetizador*. São Paulo: Ática, 1987.

LIBÂNEO, J. C. Didática e prática histórico-social. *Ande,* n. 8, 1984.

_____. *Democratização da escola pública*: a pedagogia crítico-social dos conteúdos. 4. ed. São Paulo: Loyola, 1986.

LOBATO, L. M. P. Teorias linguísticas e ensino de português como língua materna. *Linguística e Ensino do Vernáculo*, n. 53-54. Rio de Janeiro: Tempo Brasileiro, 1978.

LOPES, J. *Pega teatro*. São Paulo: Centro de Teatro e Educação Popular, 1981.

LUCKESI, C. C. O papel da didática na formação do educador. In: CANDAU, V. M. (Org.). *A Didática em questão*. Petrópolis: Vozes, 1983.

_____. Avaliação educacional escolar: para além do autoritarismo. *Ande*, n. 10, 1986.

LUDKE, Menga; ANDRÉ, M. E. D. A. *Pesquisa em educação*: abordagens qualitativas. São Paulo: Pedagógica e Universitária (EPU), 1986.

MACHADO, L. Z. *Estado, escola e ideologia*. São Paulo: Brasiliense, 1983.

MAGALHÃES, M. I. S.; RICARDO, S. M. B. O fator cultural na compreensão da leitura. In: *Ensaios de linguística aplicada ao português*. Brasília: Thesaurus, 1981.

MAINGUENEAU, D. *Approche de l'énontiation en linguistique française*. Paris: Hachette, 1981.

MARCUSCHI, L. *Linguagem e classes sociais*. Porto Alegre. Movimento, 1985.

MEC — Parâmetros Curriculares Nacionais: língua portuguesa. Brasília, 2001.

MICOTTI, M. C. de O. Métodos de alfabetização e o processo de compreensão. *Arquivos Rio Clarenses de Educação*, n. 1, Unesp-Rio Claro, 1970.

OLIVEIRA, M. A. Resíduos históricos como um caso de variação sincrônica no português do Brasil. In: *Ensaios de Linguística*, n. 9, Faculdade de Letras da UFMG, 1983.

OLIVEIRA, R. D.; OLIVEIRA, M. D. Pesquisa social e ação educativa: combater a realidade para poder transformá-la. In: BRANDÃO, C. R. (Org.). *Pesquisa participante*. São Paulo: Brasiliense, 1981.

OSAKABE, H. *Argumentação e discurso político*. São Paulo: Kayrós, 1979a.

_____. Sobre a noção de discurso. *Sobre o Discurso* — publicação das Faculdades Integradas de Uberaba, Série Estudos, n. 6, 1979b.

_____. Considerações em torno do acesso ao mundo da escrita. In: *Leitura em crise na escola*. Porto Alegre, 1982.

PALMA, M. L. C. Produção de texto. In: *Leitura*: teoria e prática. Porto Alegre: Mercado Aberto, 1984.

PÉCORA, A. B. *Problemas de redação*. São Paulo: Martins Fontes, 1983.

PERRET-CLERMONT, A. M. *A construção da inteligência pela interação social*. Lisboa: Socicultur, 1978.

PERRONI, M. C. *Desenvolvimento do discurso narrativo*. 1983. Tese (Doutorado). IEL-Unicamp, Departamento de Linguística.

_____. A bela e a fera da aquisição da linguagem. In: *Iberoamericana*, n. 2-3, 1984.

PIAGET, J. *La naissance de l'intelligence chez l'enfant*. Paris: Delachaux et Niestlé, 1948.

_____. *La construction du réel chez l'enfant*. Paris: Delachaux et Niestlé, 1950.

_____. *La psychologie de l'intelligence*. Paris: Armand Collin, 1956a.

_____. *Le jugement et le raisonnement chez l'enfant*. Paris: Delachaux et Niestlé, 1956b.

_____. *Le langage et la pensée chez l'enfant*. Paris: Delachaux et Niestlé, 1959a.

_____. *La formation du symbole chez l'enfant*. Paris: Delachaux et Niestlé, 1959b.

_____. *Seis estudos de psicologia*. São Paulo: Forense, 1967.

_____. *Psicologia e pedagogia*. Rio de Janeiro: Forense, 1970.

_____. Exame dos métodos novos. Tradução mimeografada de M. A. Rodrigues Cintra de textos publicados na *Encyclopédie Française*, v. XV, s.d.

PIAGET, J.; INHELDER, B. *La répresentation de l'espace chez l'enfant*. Paris: PUF, 1948.

POSSENTI, S. Discurso e texto: imagem e/de constituição. In: VV.AA. *Sobre a estruturação do discurso*, IEL-Unicamp, Departamento de Linguística, 1981.

_____. *Discurso, estilo e subjetividade*. 1986. Tese (Doutorado). IEL-Unicamp, Departamento de Linguística.

REGO, L. L. B. O desenvolvimento cognitivo e a prontidão para a alfabetização. In: CARRAHER, T. N. (Org.). *Aprender pensando*. Recife: Secretaria do Estado da Educação/UFPE, 1983.

ROCKWELL, E. Os usos escolares da língua escrita. *Cadernos de Pesquisa*, n. 52, São Paulo: Fundação Carlos Chagas, 1985.

ROJO, R. *Letramentos múltiplos, escola e inclusão social.* São Paulo: Parábola Editorial, 2009.

ROMUALDO, J. de A. Linguagem e estratificação social. *Cadernos de Estudos Linguísticos*, n. 2, IEL-Unicamp, Departamento de Linguística, 1981.

SAVIANI, D. Sentido da pedagogia e papel do pedagogo. *Ande*, n. 9, 1985.

_____. *Escola e democracia.* 16. ed. São Paulo: Cortez, 1987.

SINCLAIR, H. El desarrollo de la escritura: avances, problemas y perspectivas. In: FERREIRO, E.; PALACIO, M. G. (Orgs.). *Nuevas perspectivas sobre los procesos de lectura y escritura.* México: Siglo XXI, 1982.

SMOLKA, A. L. B. *Alfabetização como processo discursivo.* 1987. Tese (Doutorado) — FE-Unicamp, Campinas.

SNYDERS, G. *Para onde vão as pedagogias não diretivas?* Lisboa: Moraes, 1974.

SOARES, G. M. R. *Alfabetização e letramento.* 6. ed. São Paulo: Contexto, 2011.

_____. *Letramento e alfabetização: as muitas facetas.* Trabalho apresentado no GT Alfabetização, Leitura e Escrita, 26ª Reunião da ANPEd, Poços de Caldas, 2003.

_____. As múltiplas facetas da alfabetização. *Cadernos de Pesquisa*, n. 52. São Paulo: Fundação Carlos Chagas, 1985.

_____. *Estudo comparativo dos métodos de ensino da leitura e da escrita.* Rio de Janeiro: Papelaria América, 1977.

TARALLO, F. *A pesquisa sociolinguística.* São Paulo: Ática, 1985.

TASCA, M.; POERSCH, J. M. *Suportes linguísticos para a alfabetização.* Porto Alegre: Sagra, 1986.

TEALE, W. H. Toward a theory of how children learn to read and write naturally. In: *Language Arts*, ano 59, n. 6, 1982.

VEADO, R. M. A. Redução do ditongo: uma variável sociolinguística. *Ensaios de Linguística*, n. 9, Faculdade de Letras, UFMG, 1983.

VYGOTSKY, L. S. *A formação social da mente.* São Paulo: Martins Fontes, 2000.

VYGOTSKY, L. S. *A construção do pensamento e da linguagem*. São Paulo: Martins Fontes, 2001.

ZUIN, P. B; REYES, C. R. *O ensino da língua materna*: dialogando com Vygotsky, Bakhtin e Freire. Aparecida: Ideias e Letras, 2010.

ZVEREV, I. D. *Méthodes d'enseignement dans l'école soviétique*. Paris: Delachaux et Niestlé, 1983.